Karin Schneider-Henn · Die hungrigen Töchter

Karin Schneider-Henn

Die hungrigen Töchter

Eßstörungen bei jungen Mädchen

Mit einem Vorwort
von Thea Bauriedl

Kösel-Verlag München

Für meine Tochter Joanna

CIP-Titelaufnahme der Deutschen Bibliothek

Schneider-Henn, Karin:
Die hungrigen Töchter : Eßstörungen
bei jungen Mädchen / Karin Schneider-
Henn. Mit e. Vorw. von Thea Bauriedl. –
München, Kösel 1988
  ISBN 3-466-34199-X

© 1988 by Kösel-Verlag GmbH & Co., München
Printed in Germany. Alle Rechte vorbehalten
Gesamtherstellung: Kösel, Kempten
Umschlag: Günther Oberhauser, München, unter Verwendung
eines Fotos von Karin Schneider-Henn
ISBN 3-466-34199-X

Inhalt

Vorwort

Dieses Buch hat mir schon beim ersten Lesen des Manuskripts sehr gut gefallen. Ich war beeindruckt von den vielen anschaulichen Falldarstellungen und gleichzeitig erstaunt, daß es Karin Schneider-Henn gelungen war, in diesem locker geschriebenen Buch doch auch einen guten Überblick über den derzeitigen Stand der psychoanalytischen Erkenntnisse zum Problem der Eßstörungen bei jungen Mädchen zu geben. Hier fand ich eine gelungene Verbindung von Theorie und therapeutischer Praxis, von gesellschaftskritischer Reflexion und konkreter Darstellung der alltäglichen Gefühle und Phantasien solcher Patientinnen und ihrer Umgebung.

Das Thema »Mütter und Töchter« wurde in letzter Zeit wiederholt dargestellt, häufig aus der Perspektive der Töchter, seltener aus der Perspektive der Mütter, fast nie in einem familiendynamischen Zusammenhang, in dem die Frage nach der Schuld für ein »Fehlverhalten« oder für eine »psychische Erkrankung« grundsätzlich nicht gestellt wird. Hier geht es darum, jede Auffälligkeit – und eventuell auch scheinbar unwichtige »Unauffälligkeiten« – im familiären Zusammenhang zu verstehen und die Beteiligung jedes einzelnen Familienmitglieds an der gemeinsamen Not zu erarbeiten. So kann der Patient, in diesem Fall die »eßkranke« Tochter, die Rolle des »Sündenbocks« verlassen und wieder oder erstmals werden »wie jede andere Frau«. Sie kann die leidvolle Besonderheit als »Verrückte« aufgeben, wenn die anderen Familienmitglieder ihre entsprechende Besonderheit als »Normale« in Frage zu stellen beginnen, wenn wieder Zusammenhänge gesehen werden zwischen dem Leiden des einen und dem scheinbaren »Nichtleiden« der anderen.

Aber Karin Schneider-Henn leistet in ihrem Buch noch mehr. Ich halte dieses Buch für einen wichtigen allgemeinverständlichen

Beitrag zur Psychoanalyse der weiblichen Entwicklung bzw. zur Theorie der Entwicklung der weiblichen Sexualität. Die Forschung über die Vorgänge in Pubertät und Adoleszenz wurde in der Psychoanalyse allzulange zugunsten der Forschung über die frühkindliche Entwicklung in den ersten fünf Lebensjahren vernachlässigt – obwohl oder weil es in diesem Lebensalter um die Entwicklung der Sexualität im engeren Sinne geht. Erst in letzter Zeit wird auch für die Psychoanalyse deutlich, daß die körperlichen und seelischen Erfahrungen der Pubertät in Zusammenhang mit der Bedeutung, die die Veränderungen dieser Lebensphase in Familie und Gesellschaft haben, eine wichtige Grundlage der sexuellen Identität jedes jungen Menschen sind. Natürlich ist die Lebensgeschichte bis zu diesem Alter als Vorerfahrung wichtig dafür, wie man mit Körpergefühlen und körperlichen Veränderungen umgehen muß. Ganz aktuell werden die sexuellen Phantasien und Wünsche jedoch erst mit beginnender Pubertät, die leider bisher von der Psychoanalyse und auch von der psychoanalytischen Familienforschung ziemlich »stiefmütterlich« behandelt wurde.

Seit einiger Zeit bemüht man sich in der Psychoanalyse auch darum, die Bedeutung des Vaters für die kindliche Entwicklung überhaupt und speziell für die sexuelle Entwicklung des kleinen Mädchens zu erforschen. Karin Schneider-Henn hat diese Literatur in ihre Darstellung einbezogen und so dem interessierten Laien die Möglichkeit gegeben, sich umfassend zu informieren. Selten findet man auch in psychoanalytischen Büchern so detaillierte konkrete Hinweise auf Behandlungsmöglichkeiten wie hier.

Besonders gut gefiel mir schließlich, daß hier nicht nur die Psychoanalyse einzelner »kranker« Individuen beschrieben wird, und auch nicht nur die Psychoanalyse einzelner »kranker« oder »krankmachender« Familien, sondern unsere gesellschaftliche Erkrankung als ein wichtiges Umfeld »eßkranker Töchter« verstanden wird. Karin Schneider-Henn beschreibt eindrucksvoll unsere Idealbilder von schlanken, jederzeit verfügbaren und immer jungen Frauen, Bilder, die gerade jungen Mädchen so

große Angst machen. Die Frau als jederzeit dem Mann ausgelie-
fertes »Objekt« entspricht der traditionellen Rollenverteilung
zwischen Frauen und Männern in unserer Gesellschaft. Diese
Rollenverteilung vermindert die Angst beider Geschlechter vor
der Sexualität, denn der Mann kann mit der von sexuellen
Gefühlen und Wünschen scheinbar »entleerten« Frau ungehin-
dert alles »machen«, was er – wiederum seiner Rolle entsprechend – machen will und machen muß. Und die Frau kann
»warten bis es vorbei ist«, sie muß sich nicht auf die ängstigenden
und grundsätzlich anarchistischen sexuellen Gefühle einlassen,
die auch der Mann nur durch mehr oder weniger gewalttätigen
Umgang mit der Sexualität und mit der Frau »in den Griff«
bekommt. Aber diese Rolle der passiven Frau macht jungen
Mädchen eben auch Angst, wenn sie sie in der Pubertät lernen
müssen. Je nachdem welche Phantasien sie in ihrem engeren
Umfeld über die Rolle der Frau antreffen und für sich übernehmen, stellen sie diese Rolle in Frage, indem sie nicht auf ihre
Weiblichkeit verzichten, oder sie übernehmen sie klaglos und
unauffällig, oder sie werden krank, zum Beispiel »eßkrank«, in
dem hier beschriebenen Sinne, das heißt sie zeigen, daß sie
Schwierigkeiten haben mit ihrer weiblichen Identität und daß sie
Hilfe brauchen, um sich als Frau weiterentwickeln zu können.

Thea Bauriedl

Die Mutter hat dem Kind das Leben geschenkt, und es ist nicht leicht, dies eigenartige Geschenk durch etwas Gleichartiges zu ersetzen.

Sigmund Freud

1 Einführung

Unser aller Anfang

Die große Mutter ist für jeden kleinen Menschen erste nahe Bezugsperson. Sie repräsentiert zwangsläufig in ihrer Haltung und Erziehung den in der jeweiligen Gesellschaft relevanten soziokulturellen Wert- und Moralkodex, die gültigen Normen (der Vater natürlich ebenso). Ihrer weiblichen Rolle entsprechend verkörpert sie innerhalb der Familie in erster Linie die Nährende, Gebende. Deshalb nimmt keiner ihre Funktion als Mittlerin zwischen Gesellschaft und Familie besonders ernst, auch sie selbst nicht. Und doch »vererbt« sie an ihre Kinder die Klischees der Zeit, wie heute zum Beispiel jene der Schlankheit und ewigen Jugend.

Ich möchte den Anteil der Männer an einem solchen Erbe nicht schmälern, denke aber, daß die mit emotionaler und körperlicher Versorgung zusammenhängende Betreuung ihrer Kleinen meist den Frauen obliegt.[1] Ist es nur mangelndem Interesse zu verdanken, daß Männer Kindergarten- oder Grundschulberufe meiden? Warum arbeiten sie erst mit Kindern, wenn die Sprößlinge ein »vernünftiges Alter« erreicht haben?

Bedauerlicherweise werden unsere Kinder, ob Junge oder Mädchen, bis zu ihrem 11. Lebensjahr nahezu ausschließlich von Frauen erzogen. Diese Einseitigkeit hat sicher weitreichende Folgen in bezug auf Rollenvorstellungen und Selbstverständnis über das »eigene« und das »andere« Geschlecht, denn das konkret Weibliche bekommt dadurch ein Übergewicht im Vergleich zum abstrakt Männlichen: der Vater beschäftigt hauptsächlich die Phantasie seiner Kinder.

Wenn sich solche Phantasien nicht an der Realität anreichern oder korrigieren können, ufern sie ins Leere und führen zu

Verzerrungen der inneren Bilder. Der außerhalb des Hauses und deshalb meist abwesende Vater hat abends oder am Wochenende wenig Gelegenheit zum »Bevatern« – und genau das vermissen seine Söhne und Töchter. Weil »durch die Abwesenheit des Vaters die ständige Anwesenheit der Mutter doppelt wirksam wird«[2], will ich mich dieser ersten Beziehung zwischen Mutter und Tochter zuwenden. Ich hoffe, es wird im Laufe dieses Buches deutlich, weshalb gerade junge Frauen meist zu Beginn der Pubertät mit Eßstörungen, also einer regressiven, oralen Form der Konfliktbewältigung reagieren.

Eine der Umwelt gegenüber ehe passive Haltung mit selbstzerstörerischen Zügen fällt bei der Magersucht ebenso auf wie im Symptom der Bulimie und auch der Adipositas. Die Betroffenen handeln ihre Triebimpulse – ob sinnlicher oder aggressiver Art – in sich selbst ab, oft heimlich, isoliert von der Umwelt. Dieser Versuch der Konfliktlösung über maßlose Nahrungsaufnahme oder totale Verweigerung verbirgt einen massiven Widerstand, der jedoch nicht offen gezeigt werden kann aus Angst, (mütterliche) Zuneigung und Bestätigung – letztlich Orientierung – zu verlieren.

Mit anderen Worten, die Mutter bleibt wesentliche Bezugsperson der Jugendlichen, auch über die Pubertät hinaus.

Betrachten wir deshalb den Kontakt zwischen Mutter und Tochter, von Anfang an.

Die primäre Beziehung

Die erste Berührung zwischen der Mutter und ihrem neugeborenen kleinen Mädchen geschieht, wenn alles gutgegangen ist, über die Haut. Je nach Geburtsmethode wird das Baby auf Mutters Bauch, an ihre Brust oder in ihre Arme gelegt. Mit diesem Kontakt verbinden sich emotionale Qualitäten wie Wärme, Liebe und Geborgenheit, die sich später beim Stillen fortsetzen, wenn die Kleine mit Augen, Mund und knetenden

Händchen die Mutter ganz in sich aufnimmt. Dabei ist es eigentlich nicht wichtig, ob die Nahrung nun aus der Brust oder mit dem Fläschchen gegeben wird. Aber auf die Art der Darreichung kommt es an, nämlich auf den Hautkontakt mit der Mutter. Das Gelingen dieses frühen Zwiegesprächs zwischen Mutter und Kind bildet die Basis seiner weiteren Gefühlsentwicklung, entscheidet über die Vertrauens- und Beziehungsfähigkeit des kleinen Mädchens. Hier gründet sich »Urvertrauen gegen Urmißtrauen«, und damit meint Erikson, »was man im allgemeinen als ein Gefühl des Sich-Verlassen-Dürfens kennt, und zwar in bezug auf die Glaubwürdigkeit anderer wie die Zuverlässigkeit seiner selbst«[3]. Eine solche Sicherheit entsteht aus der Verläßlichkeit des Nährens und Versorgens, ist abhängig vom angemessenen, mütterlichen Verständnis der kindlichen Signale in einer dem Säugling liebevoll zugewandten Atmosphäre.

Kommt es, aus den unterschiedlichsten Gründen, nicht zur innigen Nähe (Symbiose) zwischen Mutter und Kind, wird das Baby von Ängsten überschwemmt und in ihm entsteht ein tiefes Urmißtrauen. Falls sich diese negativen Erfahrungen zu tief eingraben, kann es später passieren, daß der oder die Jugendliche zwar eine große Sehnsucht nach Beziehung spüren und dieser dennoch immer wieder ausweichen wird. Unsere an Eßstörungen leidenden Töchter leben mit ähnlichen Ängsten und versuchen, sich selbst zu geben, was sie von anderen zu nehmen fürchten.

Anstelle theoretischer Überlegungen zitiere ich zum Vorgang der Nahrungsaufnahme Annette Fréjavilles zusammenfassende Beschreibung langjähriger Babybeobachtung: »Das Kind erlebt diesen entscheidenden Moment als Gesamterfahrung, an der der ganze Körper sinnlich und motorisch, aktiv und passiv zugleich beteiligt ist ... Das Saugen ist für das Kind eine aktive, anstrengende Anspannung; es schluckt geräuschvoll, sein Atem geht rasch, man bekommt zahlreiche Geräusche aus dem Hals zu hören, im Magen gluckert es, und bedeutsame vasomotorische Veränderungen sind festzustellen. Das Kind kann einhalten, um einen Rülpser, Kot oder einen Wind abgehen zu lassen. Während des gesamten Saugvorgangs besteht eine ständige und lebhafte motorische und sensorielle Erregung – innen, außen und auf der Grenze, nämlich der Haut, der Mundöffnung. Das Kind kann gleichsam konzentriert auf die Anstrengung oder auf seine Empfindungen für längere Augenblicke die Augen geschlossen halten. Wenn es sie öffnet, verliert sich sein Blick oft unbestimmt in die Ferne. Manchmal, aber nur für kurze Momente, fixiert es intensiv das Gesicht der Mutter (das, was es davon in seinem Alter wahrnehmen kann), als ob es diese visuelle Wahrnehmung ... mit all den übrigen Sensationen visuell verknüpfte. Gleichzeitig spürt es den Geruch der Mutter, hört den Klang ihrer Stimme, als ob die Wahrnehmungen von ihr mit dem, was es beim Saugen an Empfindungen aus dem eigenen Inneren verspürt, zusammenflössen und den letzteren erst einen Sinn verliehen. Mit dieser Gesamterfahrung ist die Mutter (oder jedes andere menschliche Wesen mit einer Brust oder einem Fläschchen) unablösbar verknüpft, und in dieser Erfahrung vermischen sich für das Kind introzeptive und propriozeptive Gesichts-, Gehör- und Geruchsempfindungen zu einem Ganzen.«[4]

Aus dieser aufmerksam beobachtenden Darstellung wird deutlich, daß es hier um viel mehr geht als nur eine orale Erfahrung, nämlich um eine Fülle sinnlicher Empfindungen, die der Säugling im Eins-sein mit der Mutter in und an sich spürt.

»Wenn das Kind auf die Welt kommt, bewirkt es das Aufsteigen der Milch in der Brust seiner Mutter. Die Milch ist also ein Objekt, das ihm gehört, das sich aber zugleich im Körper seiner Mutter befindet ... die Brustwarze ist für das Kind die Fortsetzung des Körpers der Mutter und die seiner eigenen Zunge.«[5]

Auf diese Weise setzt das Neugeborene anfangs Nahrung mit Mutter gleich und nimmt beides als dem eigenen Körper zugehörig in sich auf. Nach und nach aber löst sich die illusionäre Einheit mit der Mutter. Ihre unterschiedlichen Reaktionen auf seine Zeichen des Schmerzes, Hungers, der Sättigung tragen dazu bei, daß der Säugling allmählich solche Empfindungen auch bei sich selbst auseinanderhalten kann.

Versucht die Mutter während dieser Entwicklungsphase, Empfindungen wie körperlichen Schmerz oder seelischen Kummer beim *nicht* hungrigen Baby sofort an der Brust, mit Fläschchen bzw. Süßigkeiten zu beruhigen, kann schon früh eine Verwechslung emotionaler mit oralen Bedürfnissen entstehen. Normalerweise verschafft sich der Säugling selbst einen Ersatz für fehlende Befriedigung entweder über autoerotische Betätigung oder mit einem »Übergangsobjekt« wie Schmusetuch, Daumen, Schnuller, Kuscheltier als »Illusion« für die abwesende Mutter und ihre nährende Brust. Er überbrückt mit dem Gebrauch dieses Substituts eine sonst als übermächtig empfundene Leere.

Im Idealfall bilden die von außen kommenden Einwirkungen mit den inneren Befindlichkeiten ein Ganzes und verselbständigen sich erst, wenn der Säugling über verschiedene Pflegeleistungen der Mutter seine Grenz-Erfahrungen macht. Diese Grenzen erlebt er an Öffnungen wie Mund, Anus, Vulva, auch Augen und Ohren, an den Schleimhäuten und der Haut selbst. Also tragen gerade die Empfindungen der von Freud so genannten »erogenen Zonen« zur ersten Unterscheidung zwischen Mutter und Kind bei.

Aus solchen Grenz-Erfahrungen formen sich Körper-Selbst-Kerne, die nicht zuletzt aus Unlusterlebnissen entstanden sind, denn dem Säugling bleibt eine Nicht-(Sofort-)Befriedigung seiner Bedürfnisse natürlich nicht erspart: »Die kontrollierbare Frustration, die dadurch entsteht, macht ihm die Existenz einer Außenwelt überhaupt erst bewußt«; Bettelheim betont hier das Wort »kontrollierbar«, weil das Kind, »wenn es diese Frustration nicht kontrollieren könnte, von unangenehmen Emotionen derart überwältigt werden würde, daß nichts anderes mehr für es existieren würde. Ausgelöscht wäre das sich verschwommen abzeichnende Bewußtsein von einer reagierenden Welt. So aber kommt es, daß die Erwartung des Kindes, etwas außerhalb seines Selbst könnte seine Bedürfnisse befriedigen, sein Interesse an der Welt und seinen Wunsch, mehr über sie zu lernen, mächtig anspornt.«[6] Eine »genügend gute« Mutter (das muß nicht unbedingt die leibliche Mutter sein), erfüllt anfangs nahezu ausschließlich die Forderungen des von ihr abhängigen Säuglings und vermittelt ihm damit eine Illusion von Allmächtigkeit. Um jedoch die Realität als solche wahrzunehmen, braucht das Baby (leider) angemessene Versagungserlebnisse. Eine vollkommene Anpassung der Mutter würde nämlich an Zauberei grenzen, und das Kleinkind könnte die wirkliche Mutter nicht von der phantasierten unterscheiden.

Frustrationen sind also nicht nur für ein allmähliches Bewußtsein des eigenen Körperbildes wesentlich, sie errichten vor allem die psychische Trennungserfahrung von Selbst und Nicht-Selbst. »Denn unvollständige Anpassung an Bedürfnisse macht Objekte erst zu etwas Realem, das heißt zu geliebten und zugleich gehaßten Objekten.«[7] Winnicott beschreibt die zunehmende Realitätswahrnehmung des Kleinkindes über die Bewältigung von Entsagungen.

Trennungserlebnisse tragen zum Erfassen von Handlungsabfolgen bei; sie müssen allerdings zeitlich einigermaßen begrenzt bleiben, sonst würde das Grundgefühl der Zuversicht ausgelöscht. In den Zwischenräumen der Beschäftigung mit sich selbst entdeckt das Kind seine eigenen lustvollen Bereiche, nämlich solche der autoerotischen Befriedigung, aber auch die der geistigen Aktivität oder »halluzinatorischen Wunscherfüllung«[8]. Letzteren tröstlichen Vorgang spürt es auf, wenn es sich an die Mutter erinnert, sie in seiner Vorstellung wiederbelebt und träumt, sie wäre längst da. Hier geschieht ein erstes Zusammenspiel von Vergangenheit, Gegenwart und Zukunft.

Auf dem Weg dieses Spiels mit sich selbst entfaltet das Baby langsam seine innere Welt der schöpferischen Imagination, der Phantasie (etwa ab dem 5. Monat). Nun sind Gedanken und Phantasien aber nicht nur erfreulich und »gut«. Während jener Phase der totalen Abhängigkeit des Säuglings prägen sich ja nicht allein Erinnerungsspuren an »lustvolle« (gute) Erlebnisse ein, sondern ebenso gravierende Wirkung haben die »unlustvollen« (bösen) Erfahrungen, welche im Zusammenhang mit dem eigenen Körpergeschehen gemacht werden: Niesen, Schluckauf, Husten, Spucken, Aufstoßen, Blähungen, Ausscheidung. All diese Sensationen verbindet das Baby mit der pflegenden Mutter, die für Entspannung *und* Versagung zuständig ist. Deshalb gehören libidinöse *und* aggressive Elemente zu diesen frühen Erinnerungsinseln, welche später in die Erkenntnis münden: Ich bin Ich, habe gute und böse Seiten, ebenso wie Mutter und Vater. Sie können jedoch auch »aufgespalten« bleiben und sozusagen ein Eigenleben entwickeln, indem sie »draußen« einer anderen Person angelastet werden. Dabei geht es in der Hauptsache darum, die aufgenommenen »guten« Bilder – sowohl von der inneren Mutter als auch von sich selbst – zu schützen und zu bewahren.[9] Wenn jedoch im eigenen seelischen Raum das »Böse« nicht an seinen Platz neben dem »Guten« rücken darf, macht es von draußen unheimliche Angst. Um sich wiederum gegen diese gefürchteten (eigenen) Aggressionen und Ängste zu schützen, ist es notwendig, diese zu verdrängen. Das bedeutet, einfach formuliert, ein striktes Verbot, sich auf die inneren Phantasiewelten einzulassen.

Aus diesem Grund ist die freie Entfaltung von Gedanken und Assoziationen bei anorektischen und bulimischen Jugendlichen oft verschüttet. Phantasien werden kaum mehr zugelassen, weil aggressive Impulse fast zerstörerisches Ausmaß angenommen haben und deshalb mit aller Macht verdrängt werden müssen. Die Angst, sie verwirklichten sich auf magische Weise trotzdem, verhindert bei mancher Hungerkranken jedes unkontrollierte Denken.[10] Wenn wir uns zudem vorstellen, daß die Mager- oder Eßsüchtige sich meist wie fremd-gesteuert begreift, liegt die Ausblendung aller Phantasien aus Furcht vor einer »Allmacht der Gedanken« (Freud) ziemlich nahe.

Aber hier ergibt noch eine andere Überlegung Sinn: Wie vorher beschrieben, benötigt das Baby zur Unterscheidung von Phantasie und Wirklichkeit versagende Erfahrungen, um daran seine Wahrnehmung zu regulieren. Ist die Mutter beispielsweise aber keine »gute«, sondern eine »perfekte«, fehlen ihm diese Frustrationserlebnisse, die es zur Differenzierung von Selbst und Objekt dringend braucht. Das Baby bleibt auf diese Weise im Ungewissen, einmal was den Körper angeht, zum andern über die eigenen Empfindungen. Zwar mag es seine Größenvorstellungen beibehalten, die ja nicht gerade unangenehm sind, aber gleichzeitig verringern eben auch Ängste und Aggressionen nicht ihr grenzenloses Ausmaß.

Ein Kleinkind wird diese Gefühle nach außen projizieren und von dort wieder Fürchterliches erwarten, denn man nimmt ja immer an, den anderen ginge es genauso wie einem selbst. Daher erscheint es nur vernünftig, im Lauf der weiteren Entwicklung solch gefährliche Triebe in Schach zu halten, um nicht von ihnen überschwemmt zu werden – weder von innen, noch von außen.

Vielleicht erklärt sich so unser braves, angepaßtes kleines Mädchen, das bis zur Pubertät höchstens positiv auffällt. Dann allerdings erwachen in der nun Jugendlichen völlig uneinschätzbare neue Gefühle, die noch größere Abwehrleistungen fordern als bisher. Kein Wunder, daß sie sich als »leer« empfindet.

Das Gefühl der inneren Leere wird von vielen jungen Mädchen mit Eßstörungen eindrücklich geschildert, reicht vom Begriff der »Langeweile« bis hin zu einem »tiefen, schwarzen Loch«, das die Betroffenen mit Nahrung zu stopfen versuchen. Während der relativ kurzen Zeit des Anfüllens mit Essen verschwinden die unangenehmen, angstmachenden Gefühle vorübergehend, um dann in Form von Scham und schweren Selbstbeschuldigungen wieder aufzutauchen. Erneut unternimmt die Eßsüchtige den gewohnten oralen Bewältigungsversuch und gerät so in einen elenden Kreislauf von Essen, Hungern, Selbstvorwürfen, empfindet sich als willensschwach, schuldig, unmäßig gierig, unfähig zur Disziplin und welche der negativen Attribute mehr sind.

Nicht allein Eßsüchtige benutzen Nahrung als Trost oder libidinösen Ersatz für fehlende Kontakte, sondern aus dem in unserer Gesellschaft üblichen Überfluß an Gütern speist sich eine allgemeine Anspruchshaltung in bezug auf orale Genußmittel wie Trinken, Rauchen, Essen, bis hin zu Medikamentenmißbrauch und Drogenabhängigkeit.

Diese Unersättlichkeit richtet sich neben den kurzlebigen Genußmitteln auch auf härtere Drogen wie Geld, Besitz, kulturelle Güter, äußere Anerkennung und Macht, die über die Sucht nach Arbeit (in Amerika wurde der Ausdruck des »workoholic« dafür geprägt) zu erwerben sind und damit zweifellos eine Art Selbst-befriedigung darstellen.[11] Ebenso kann das Essen eine Ersatzbe-friedigung werden, wenn die Selbst-Liebe durch den Magen geht, wenn die Nahrung einzig verläßliche Lustquelle eines Menschen verkörpert.

Psycho-Logik

Frühkindliche Entwicklungsphasen nach Sigmund Freud

Der Libidobegriff wurde bekanntlich von Sigmund Freud ge-prägt; er war es auch, der die kindliche Entwicklung anhand der von ihm so bezeichneten »erogenen Zonen« in bestimmte »psy-chosexuelle Phasen« einteilte und damit heftigen Widerstand hervorrief. Die Vorstellung, es gebe von früher Kindheit an bis ins Erwachsenenalter sinnlich empfindsame, mit Lust besetzte Bereiche, die je nach Reife im Zentrum der körperlichen Beach-tung stehen, ist inzwischen gedanklich wohl leichter nachzuvoll-ziehen als gegen Ende des 19. Jahrhunderts.

Während des ersten Lebensjahres ist der Mundbereich die bedeu-tende erogene Zone des Säuglings, denn anfangs sind für ihn alle sensorischen Reize mehr oder weniger mit dem Trinken verbun-den. Welch vielfältige Sinneseindrücke das Baby mitsamt der Muttermilch in sich hineinnimmt, hat Annette Fréjaville vorher feinfühlig beschrieben. Das Baby erfährt beim Saugen und Schlucken seiner Nahrung die verschiedensten »Sensationen«, die es anfänglich noch mit dem oralen Erleben des Genährtwer-dens in Zusammenhang bringt. Deshalb führt es auch interes-sante Gegenstände erst einmal zum Mund, um sie konkret mit den Lippen zu fühlen, mit der Zunge zu probieren. Später wird es die Dinge mit den Händen begreifen und im Laufe seiner Ent-wicklung dann allmählich lernen, die Welt abstrakt über Augen und Vorstellungsvermögen zu erfassen.

Auf die erste, »orale«, Stufe folgt die »anale« Phase. Das Kind

kann seinen Muskelapparat besser koordinieren und kontrollieren, was mit anderen Worten heißt, daß jetzt die Sauberkeitserziehung beginnt. Hergeben und Festhalten ist das Thema dieses
Entwicklungsabschnitts. Damit wird die Afterregion zur erogenen Zone, wenn nämlich das Kind die Beherrschung und Steue-
rung seiner Ausscheidungsfunktionen als lustvoll erlebt.
Ab dem dritten Lebensjahr beeinflußt die Entdeckung des Geschlechtsunterschieds die weitere psychische Reifung. Das Kind
beschäftigt sich mit der »Urszene«, denkt darüber nach, woher
die Babys kommen und wird sich seiner Geschlechtsrolle bewußt. Dabei spielt natürlich das eigene, lustspendende Genital
als Anhalts- und Vergleichspunkt zu Eltern und »anderen« eine
wesentliche Rolle. Freud nennt diese Zeit die »phallische« oder
»ödipale« Ebene. Von der Ödipussage abgeleitet, bezieht sich
Freud hier auf die »Verliebtheit« des Kindes in den gegengeschlechtlichen Elternteil, die aber aufgrund von »Kastrationsangst« wieder aufgegeben wird und in eine Identifikation mit
dem gleichgeschlechtlichen Vater (bzw. Mutter) mündet.[12]
Dem »Untergang des Ödipus-Komplexes« folgt eine Zeit der
Ruhe, bevor im Pubertätsalter ein erneuter Triebschub einsetzt
und für Konflikte sorgt. Deshalb bezeichnet Freud die vorpuber-
täre Phase »Latenzperiode«.

Die idealisierte oder versagende Mutter:
Entwicklungsaspekte nach Melanie Klein
Eine weitere Vertreterin frühkindlicher Reifungstheorien, Melanie Klein, setzt sich vorwiegend mit den aggressiven Inhalten der
Primärbeziehung des Säuglings zur Mutter auseinander und
bietet gedankliche Anregungen für ein Erklärungsmodell von
Eßstörungen, das gerade in der feministischen Presse Anklang
findet.[13] In ihrem Konzept spielt der Neid eine wesentliche Rolle,
da dieser wiederholt in angstmachenden und schuldbesetzten
kindlichen Phantasien erscheint, wobei der erste Gegenstand des
Neides die Mutterbrust darstellt, welche über »einen unbegrenz-
ten Strom von Milch und Liebe verfügt«, den die Mutter jedoch

versagen kann und in der Vorstellung des Kleinkinds zu ihrer eigenen Befriedigung zurückhält.

Im übrigen beginnt Kleins Beobachtungen zufolge die ödipale Reifung viel früher als von Freud beschrieben, nämlich schon in der Mitte des ersten Lebensjahres und nicht erst nach Abschluß der analen Phase mit etwa vier Jahren. Den ersten Lebensabschnitt betreffend teilt Klein Freuds Ansicht einer allumfassenden Mutter-Kind-Einheit, zusätzlich betont sie jedoch die aggressiven, »sadistischen« Impulse des Säuglings, der an der Brust nicht nur genüßlich saugen, sondern diese auch zerbeißen und sich einverleiben will. Wenn das Kleinkind selbst den Drang verspürt, die nahrungsspendende Brust zu verschlingen, fürchtet es gleichzeitig diesen Impuls bei der Mutter, phantasiert also eine verfolgende, verschlingende Brust. Hier liegt für Klein die Wurzel der Erkenntnis, »daß die Angst vor Vergeltung von der eigenen Aggressivität des Individuums abstammt«. In der kindlichen Vorstellungswelt wird damit die versagende Brust als »Schrecken erzeugender Verfolger empfunden, während die gute Brust sich in die ideale Brust verwandelt, welche die gierigen Wünsche in unbegrenzter, unmittelbarer und nie endender Befriedigung erfüllen soll«. (Diese Gier nach sofortiger und unendlicher Befriedigung läßt sich in der Sucht wiedererkennen.) Für Klein bildet die Idealisierung eine Rettung aus Verfolgungsängsten.[14]

Ich habe vorhin schon beschrieben, daß jene beiden Extreme – die idealisierten und die verfolgenden Seiten der Mutter – im frühen Stadium der personellen Entwicklung noch getrennt bleiben, ehe sie im Laufe der zunehmenden Realitätswahrnehmung als zusammengehörig in das Ich des Kindes aufgenommen werden.

Anfänglich unterscheidet der Säugling nicht zwischen eigenen und mütterlichen »guten« und »bösen« Anteilen, und die Spaltung in Gut und Böse als Abwehr der befürchteten Zerstörung »guter« innerer (Mutter-)Anteile wiederholt sich immer wieder: dabei werden »Schlechtigkeiten« nach außen projiziert, die eigene Angst oder Aggression dem Gegenüber zugeschrieben. Das passiert später auch, wenn im Streit nur *ein* Partner der Schlimme ist; hier aber ein Beispiel, das wir bei Kindern beobachten, die sich irgendwo anstoßen – der »böse Tisch ist schuld«, er hat dem Kopf wehgetan, es war nicht etwa die Unachtsamkeit des Kindes.

Von dieser Projektion des kleinen Kindes ausgehend und gestützt auf entsprechende Beobachtungen in ihren Therapien, folgert Klein nun, daß ein Kind im Bauch der Mutter nicht nur Babys und Exkremente vermutet, sondern sich auch vorstellt, die Mutter habe den Penis des Vaters in sich aufgenommen und behalten.

Solch primitive Einbildungen erscheinen gar nicht sonderlich abwegig und finden sich beispielsweise in der archaischen Idee einer »vagina dentata«.[15]

Wie lebendig diese Vorstellungen des Verschlingens wirken, fand ich erst kürzlich bestätigt, als ich hörte, daß ein gefährlicher Meeresstrudel vor Long Island (U.S.A.) dort im Volksmund »sea-puss« genannt wird.[16] Auch der unbewußte Vorgang, den verschiedenen Hurricanes weibliche Vornamen zu geben, deutet auf die Urphantasie eines weiblichen Schlundes.

Diese Urphantasie der vaginalen Inkorporation entstammt den oral ausgerichteten Imaginationen des Kleinkindes und bildet sich fort im Verlauf der analen und ödipalen Entwicklung (nach Klein setzt letztere allerdings sehr früh ein, s. o.), dabei fällt der enge Zusammenhang zwischen sexuell-sadistischen und oral-verschlingenden Assoziationen auf, die vor allem beim gierigen Essen (und Erbrechen) eine Rolle spielen könnten, denn im Bild des vaginalen Sogs koppeln sich orale und genitale Inhalte, ist der orale mit dem genitalen Bereich jeweils austauschbar. Aufgrund dieser Verwechslung wäre denkbar, daß bei Eßsüchtigen beide Bereiche unbefriedigt bleiben, eine Verschiebung jener frühen Wünsche auf die ödipale Ebene stattfindet, besonders, wenn emotionale Bedürfnisse mit oralen verschmolzen sind.[17]

Die Austauschbarkeit von Essen und Sexualität ist vielleicht im folgenden Bericht einer 20jährigen, eßsüchtigen jungen Frau deutlicher zu verstehen. Marion schreibt mir:

»Bezeichnend ist die Abhängigkeit von meiner allgemeinen

Stimmung, von gut-, bzw. schlechtgehenden Freundschaften, vom beruflichen Erfolg und von sexuell befriedigenden Beziehungen. Das bedeutet, wenn ich mich in meiner Person bestätigt fühle, mein unsagbar großer Liebeshunger gestillt wird, ist Dick oder Dünn überhaupt kein Thema für mich. Dann verbanne ich meine Waage, kenne das Gefühl von ›satt‹, nehme ab und fühle mich in meiner Haut wohl. Aber sobald irgend etwas in mir oder um mich herum nicht in Ordnung ist, werden meine Pfunde wieder ein Riesenproblem. Am schnellsten reagiere ich auf Männerbeziehungen. Ein falsches, bzw. falsch verstandenes Wort, wie ›du siehst gut erholt aus‹ (klingt für mich wie ›du bist aber dick geworden‹), eine für mich falsch plazierte Zärtlichkeit im falschen Moment oder an einer Stelle, die ich zu dick finde, bringen sofort wieder mein Gleichgewicht in Unordnung. Die Waage schnellt in die Höhe, zwischen einem und fünf Kilo nehme ich zu, alles dreht sich wieder ums Essen!

Eine Einladung ins Restaurant, Feste, Reisen, der Besuch bei meinen Eltern oder Freunden, aber vor allem das Zusammenleben mit einem Mann, alles ist sehr problematisch, anstrengend und qualvoll. Viele Verabredungen habe ich schon abgesagt, natürlich mit Ausreden. Allein daheim, ist das Fasten-Wollen doppelt schwierig, weil ich permanent dran denken muß und dann doch schwach werde.

Morgens ist der erste Gang auf die Waage. Das Ergebnis bestimmt den ganzen Tagesablauf. Schon bei einem Kilo mehr versuche ich krampfhaft zu fasten, habe darauf plötzlich einen solchen Heißhunger, daß ich wieder unheimlich viel esse.

Oder ich zähle mit der Kalorientabelle alles, fresse dabei ständig, heimlich, mich selbst anmogelnd. Ich probiere irgendwie, meine Probleme zu vertuschen, nasche herum, esse dabei mehr als gewollt – und entschuldige meine Absagen bei Freunden mit Kopfschmerzen, Gallenbeschwerden oder zu viel Arbeit.

Eigentlich bin ich an solchen Tagen sehr anlehnungsbedürftig, unterdrücke meine Wünsche aber und komme immer mehr in einen Teufelskreis. Dadurch entsteht eine totale Verkrampftheit, Ausweglosigkeit, was sich in Verstopfung und ewiger Fresserei äußert. Tage, an denen ich Hunger hatte, satt – und nicht dick! – geworden bin, sind ganz seltene Feiertage, im Kalender rot angestrichen.

Sobald ich mich verliebe, verschwindet der unbestimmte Hunger, konzentriere ich mich auf den Mann und nehme ein bis drei Kilo ab. Aber satt fühle ich mich überhaupt nur, wenn die Beziehung gut funktioniert und ich mich auch gehen lassen kann. Und das passiert höchst selten.

Kaum kriselt es, tauchen die alten Eßprobleme wieder auf. Um mich selbst zu bestrafen, brauche ich nur auf die Waage zu steigen oder eine enge Hose anzuziehen.

Entdeckt jemand diese Schwierigkeiten bei mir, reagiere ich überempfindlich. Ich fühle mich ertappt, geschlagen, tief getroffen. Wohlwollende Ratschläge sind wie Peitschenhiebe. *Ich kann mir nicht helfen, Freunde können mir nicht helfen, Bücher auch nicht* – oft erlebte Verzweiflung, die sich zusammen mit anderen Gedanken bis zu einem Selbstmordversuch gesteigert hat. Ich wollte nicht mehr leben – jedenfalls nicht so.

Bin ich denn wirklich abhängig von Männern? Dabei möchte ich doch selbst gern meinen Mann stehen, alleine für mich sorgen, nicht meine Weiblichkeit ins Spiel bringen, unabhängig und frei sein, logisch denken, konsequent agieren und re-agieren. – Zum Schluß eine typische Tagebuch-Eintragung: Nach dem Gang auf die Waage mit Wut und Tränen gleich wieder ins Bett!«

Aus diesem kurzen Tagebucheintrag ebenso wie aus der gesamten Aufzeichnung sprechen Marions Wünsche nach Liebe und Geborgenheit. Sie versucht, ihren großen emotionalen Hunger über sexuelle Beziehungen zu sättigen und scheitert doch, weil Männer solche Bedürfnisse kaum »stillen« können, denn diese entstammen den Zeiten des (fehlenden) »Glanzes in den Augen der Mutter«.

Jene Spiegelung braucht das Kind als liebevoll-reflektierende Verstärkung seiner Person, im Sinne von »also bin ich in Ordnung so wie ich bin«. Die Freude der Mutter an ihrem Mädchen beeinflußt sein Selbst-Bewußtsein, Körpergefühl und sexuelle Identität miteingeschlossen: »Es sind die Reaktionen der Mutter auf den Körper der Tochter und dessen Bedürfnisse, welche bewirken, daß die Tochter zu ihrem Körper eine Beziehung herstellt und damit die Grundlage für das wachsende Bewußtsein der sexuellen Identität legt.«[18]

Wenn es nur so einfach wäre – aber es sind nicht nur die Reaktionen der Mutter, sondern auch die des Vaters, wie Christiane Olivier sehr überzeugend schreibt: »Ein kleines Mädchen, das seinen Vater dazu gebracht hat, seine Zeitung beiseite zu legen, das auf seine Knie geklettert ist, beweist mit seinem ganzen Körper, daß es den Ort erreicht hat, an dem alle Unsicherheit aufhört: beim Vater endet die Sinnlosigkeit, durch ihn kann es lernen, seinen kleinen Mädchenkörper als ›gut‹ zu akzeptieren. Der Vater ist das Ziel.«[19]

Nun ist der Vater meist gar nicht da. Er arbeitet irgendwo, weit weg vom häuslichen Bereich (im Gegensatz zu früher), kommt abends müde nach Hause, und wenn seine Tochter Glück hat, reicht es noch für einen Gutenachtkuß. Marions Vater ist gestorben, als sie vier Jahre alt war. Aufgrund seiner Krankheit und des frühen Todes gab es einfach zu wenig aufbauende Rückmeldungen von den Eltern, die Marion hätte als Ich-Pfeiler in sich verankern können. Möglicherweise waren auch hier Zuwendung und Essen in der Kindheit miteinander verbundene Werte, bestand Trost für Schmerz und Kummer aus Süßigkeiten, wie es wohl oft der Fall ist. Damit würde sich eine frühzeitig erfahrene Mischung von körperlichen mit seelischen Bedürfnissen fortsetzen, was damals schon angelegt war und auch für Marions Mutter galt.

Marion erklärt dazu: »Meine Schwierigkeiten – nicht nur die mit dem Essen – kommen vielleicht aus der Ablehnung meiner vollschlanken Mutter, die ziemlich weiblich ist, mit den üblichen Schwächen wie Angst und Unsicherheit. Dafür liebe ich meine zarte, sehr dünne Großmutter um so mehr!«

Die Enkelin der fragilen, eleganten und emotional distanzierten alten Dame versucht krampfhaft, einem ungeschriebenen Familienkodex zu entsprechen, der eine gewisse Lustfeindlichkeit, Mißtrauen und daher proklamierte Unabhängigkeit anderen

Menschen gegenüber einschließt. Man »bringt seine Weiblichkeit« eben nicht »ins Spiel«, sondern Selbstbeherrschung gilt als oberste Maxime: »Und wenn ich zehnmal Lust auf das teuerste Gericht der Speisekarte hätte – es zu bestellen, wäre total daneben – gierig, unbescheiden, unpassend.«

Warum nur haben so viele Frauen Angst vor ihrem eigenen Begehren? Von der androgynen Schlange zum Probieren verführt, verschuldet unsere Ahnfrau Eva die Vertreibung aus dem Paradies. Sie hätte so gern mehr vom Baum der Erkenntnis in sich aufgenommmen. Weil sie eine Frau ist, bleibt ihr dies verwehrt. Und was bekommt sie zur Entschädigung? Viele Kinder. Brave, hungrige Töchter.

2 Die körperliche und psychische Entwicklung des kleinen Mädchens

»Der Junge hat ein Schwänzchen und das Mädchen hat nichts...«

Im ersten Kapitel dieses Buches bin ich sehr ausführlich auf die frühe Entwicklung des Säuglings, auf den Zusammenhang von Nahrung und Beziehung eingegangen; ich habe versucht darzustellen, daß sich unsere Charakterentwicklung auf den frühen Erlebensqualitäten mit der nährenden Mutter gründet. Denn in den ersten Lebensmonaten stellen sich bereits entscheidende Weichen für die seelische und leibliche Reifung eines Kindes: Seine Beziehung zum eigenen Körper, zur Umwelt, Wißbegierde und Intelligenz, Kontakt- und Liebesfähigkeit, kurz die gesamte Persönlichkeitsentfaltung des Menschen basiert auf den frühen Erfahrungen seiner Kindheit.

Ich wollte auch verständlich machen, daß Störungen in dieser Phase des kindlichen Lebens weitere Reifungsschritte entscheidend prägen und Nahrungsverweigerung aus verschiedenen innerpsychischen Perspektiven gesehen werden kann, zum Beispiel als Angstabwehr, als Aggression oder als Versuch der Orientierung und Selbstkontrolle. Viel essen könnte ähnliche Bedeutung gewinnen, nämlich das Gefühl der eigenen Leere hinunterdrücken, Trost spenden, das Auftauchen anderer Konflikte verhindern – oder auch Ausdruck massiver Aggressionen sein, im Sinne von »Wut in sich hineinfressen«.

Nun habe ich bisher »das Kind« beschrieben, im wesentlichen geht es hier aber um die Tochter – und um die Mutter, die selbst Tochter ist. Deshalb möchte ich noch einmal zu dieser ersten Beziehung zwischen Mutter und Tochter zurückkehren. Ich spreche jetzt von *ihr*, dem Mädchen, das in unserer Sprache einen sächlichen Artikel führt.[1]

Schon während der Schwangerschaft denkt die Mutter »sie« oder »er«, und gemeinsam mit dem Vater phantasiert sie »das Mädchen« oder »den Jungen«, der aus ihnen beiden entstanden ist. Das ungeborene Kind trägt manche Erwartungen, denn beide Eltern verbinden mit »ihm« oder »ihr« bestimmte Vorstellungen und eigene Wünsche. Vielleicht ist dieses kommende Kind Ersatz für ein gestorbenes Geschwister oder die »Rettung« zwischen streitenden Eheleuten, letzter Versuch, eine unbefriedigende Beziehung zu beleben. Ein Mädchen könnte auch Ergänzung werden für eigene fehlende Anteile der Mutter oder für verlorengegangene weibliche Bezüge des Vaters: »Selten fällt dem Kind nur eine einzige Übertragungsbedeutung zu . . . So mag in den Übertragungsphantasien eines Vaters die Tochter zugleich als Schwester, Mutter und zum Teil auch als Geliebte erscheinen . . .«.[2] Der Sohn dagegen repräsentiert in seiner Stammhalterrolle Potenz und narzißtische Bestätigung des Vaters, die Fortsetzung seiner Linie, eine Illusion von Unsterblichkeit.[3] Eventuell rührt auch daher die (frühere ?) Geringschätzung von Mädchen, die in Sprüchen wie: »Der Wunsch nach einem Jungen ist der Vater vieler Mädchen« zum Ausdruck kommt.

Wie verhält sich die Mutter des Mädchens – wie geht es ihr mit der Tochter? Der Übergang vom eigenen Tochtersein zur Mutterschaft stellt im Leben einer Frau zweifellos einen umwälzenden Schritt dar, der auch mit äußeren Bedingungen (z. B. Aufgabe der Berufstätigkeit und anderen) in Zusammenhang steht. Ich meine jetzt nicht die psychosozialen Faktoren, sondern denke eher an innerpsychische Veränderungen, vor allem in bezug zur eigenen Mutter. Diese wird durch die Schwangerschaft ihrer Tochter plötzlich auf eine andere Generationsstufe verwiesen, letztlich mit der Begrenzung ihrer Lebenszeit konfrontiert.

Die Geburt einer Tochter könnte Mutter und Großmutter insofern verbinden, als sie beide sich teilweise mit diesem kleinen Mädchen identifizieren, beide ihre frühere Mädchenkind-Rolle erinnern und im Idealfall über diese und das Erleben des Mutterseins sich austauschen. So wäre es möglich, alte Konflikte aufzulösen, weil Mutter und Großmutter nun erwachsene Frauen sind.

28

Häufig aber entwickeln sich Rivalitäten zwischen beiden, die entweder in Vermeidung der Auseinandersetzung mit dem totalen Überlassen des Säuglings oder in einer totalen Ausgrenzung der Großmutter enden. (Hier geht es wohl oft um inzestuöse Inhalte, zum Beispiel Phantasien der Mutter in bezug auf ihren Vater, bei der Großmutter auf den als Mann gewünschten Schwiegersohn.) Für das kleine Mädchen besteht die Gefahr, daß es alte Mutter-Tochter-Konflikte übernehmen und tragen muß und damit schon vorgeburtlich belastet wird.

In der Praxis ist mir aufgefallen, daß Mädchen wesentlich häufiger mit einem »Sie ist wie . . .« (irgend jemand aus der Familie) belegt werden als ihre Brüder. Sich selbst vergleichen oder verglichen zu werden scheint Frauensache zu sein. Eine Frau definiert sich in bezug auf andere Frauen:

»Man kommt nicht als Frau zur Welt, man wird es«, meint Simone de Beauvoir, und »Nur die Vermittlung eines anderen vermag ein Individuum als *Anderes* hinzustellen«[4]. Dieser erste andere ist die Mutter – auch wenn Mutter und Tochter das gleiche Geschlecht besitzen.

Der kleine Unterschied

Beide, Jungen und Mädchen erleben im Idealfall gleichermaßen die innige Nähe zur Mutter, Schutz und Geborgenheit in liebevoller Pflege, wie ich es vorher geschildert habe. Und dennoch besteht anscheinend von Geburt an ein Unterschied in der mütterlichen Sichtweise und Behandlung ihres Kindes, abhängig davon, ob sie ihren Sohn oder die Tochter versorgt.[5]

Diese erste Zeit, auf der Nahrungsaufnahme als wesentlicher Erfahrung des körperlichen und seelischen Daseins basierend, vermittelt Jungen und Mädchen über die Mutter: mehr oder weniger gewünscht – mehr oder weniger geliebt – und beeinflußt auf diese Weise Selbst-Vertrauen, den Zugang zur Welt, Unbefangenheit im Kontakt mit anderen Menschen. Wenn es nun tatsächlich Unterschiede in der Versorgung von Mädchen und Jungen gibt, so hat das sicher in das Erwachsenenleben hineinreichende Folgen für beide Geschlechter.

Christiane Olivier nennt einige Verschiedenheiten:

»Die Mädchen werden früher entwöhnt als Jungen.«

»Bei den Mädchen wird das Fläschchen im Durchschnitt im zwölften Monat abgesetzt, bei den Jungen im fünfzehnten.«

Auch die Stillzeit selbst dauere bei Jungen länger als bei den Mädchen: der zwei Monate alte Junge liege fünfundvierzig Minuten an der Brust, seine Altersgenossin dagegen nur fünfundzwanzig Minuten.[6]

So scheint die Mutter bereits ihrem männlichen Säugling mehr Zeit zuzuwenden als der kleinen Tochter, beginnt die Benachteiligung des Mädchens – davon abgesehen, daß häufig beide Eltern lieber einen Sohn gehabt hätten – schon sehr früh. Natürlich kann dies mit der unbewußten Ambivalenz der eigenen Weiblichkeit gegenüber oder mit einer Auffassung der Mutter zusammenhängen, eine Frau brauche weniger – sei sie noch so klein. Aber ergeben sich daraus irgendwelche Konsequenzen?

»Bei 94% der kleinen Mädchen einer untersuchten Gruppe wurden Schwierigkeiten bei der Ernährung festgestellt (extrem langsames Essen, Erbrechen, Launenhaftigkeit), dagegen bei nur 40% der Jungen. Die Schwierigkeiten tauchen bei den Mädchen schon ab dem ersten Lebensmonat auf, deren Appetit bis zum 6. Lebensjahr gering bleibt, während Schwierigkeiten dieser Art bei den kleinen Jungen später in Erscheinung treten und sich dann durch Launenhaftigkeit ausdrücken.«[7]

Falls diese Untersuchungen repräsentativ sind, reagiert die Tochter mehr als der Sohn über orale Verweigerung, entdeckt also schon bald eine passive Art des Widerstands, während der Bub wohl von kleinauf mehr zur Aktivität ermuntert wird.

Dies bezieht sich auch auf die Sprache – Oralität im weitesten Sinn – Mädchen sprechen früher als Buben und werden mehr zum Fragen ermuntert, bei den gleichaltrigen Brüdern fördert man das aktive Handeln. In ihrer weiteren Entwicklung sind Mädchen den Jungen immer etwas voraus, auch in der Schule bringen sie bessere Leistungen, aber nur bis zur Pubertät, also ihrem 13. bis 14. Lebensjahr.[8]

Mehrere Autorinnen berichten über Verschiedenheiten in der Pflege von Junge oder Mädchen, was Zeit und Intensität der mütterlichen Zuwendung betrifft. Wenn dies tatsächlich stimmt, würde die Tochter »zu wenig« bekommen (so wie die Mutter schon zu wenig bekommen hat) und sich ein Leben lang nach »mehr« sehnen; gleichzeitig aufgrund dieser frühen, versagenden Erfahrungen auf dieses Mehr nicht vertrauen können, also unbewußt Möglichkeiten zur Selbst-Versorgung suchen. Das frühe Autarkie-Streben des Mädchens scheint diese These zu bestätigen.

»Zu viel oder zu wenig« ist das umfassende weibliche Thema, nicht nur aufs Essen bezogen, es betrifft ebenso Leistung, Wettbewerb, Sich-Zeigen. Anders formuliert: Es geht um die »Leere«, um die Suche nach Er-füllung, in ganz anderer Form als je ein Mann das in sich spüren würde. Warum ist das so? Christiane Olivier hat eine Antwort auf diese Frage, die überzeugend wirkt: »Während der Junge mit einer wechselseitigen Entsprechung, einer Verschmelzung beginnt, beginnt das Mädchen mit einer Körper-Geist-Spaltung: Es wird als Kind geliebt, wird aber als Mädchenkörper nicht begehrt. Es ist sexuell kein ›genügendes‹ Objekt für seine Mutter, es könnte es nur für seinen Vater sein, und nur für ihn.«[9]

Die gegengeschlechtliche Ergänzung macht den Unterschied aus: Das Mädchen, die Tochter wird von den Eltern geliebt, aber als eine Noch-Nicht-Frau, als asexuelles Wesen, das erst später alles bekommt, wenn es »groß« ist. Dieser Gedanke erscheint einleuchtend, wenn wir ihn näher betrachten.

Beide, Junge und Mädchen, interessieren sich für den Vorgang von Zeugung und Geburt[10], beneiden ihre Mutter um die entsprechenden Attribute. Aber während der Junge deutlich sichtbar einen Penis wie der Vater besitzt, muß das Mädchen auf ihre Brüste bis »später« warten. Es wächst in der Vorstellung auf, es habe »nichts«.

Welche Mutter hat die Idee oder den Mut, ihrem kleinen Mädchen über die Klitoris zu erzählen? Wird die Tochter nicht immer auf »später« vertröstet, wenn sie selbst einen Mann hat? »Das Drama des kleinen Mädchens ist, daß sein Körper wie niemandes Körper ist. Es hat weder das Geschlecht des Vaters noch die Formen der Mutter (keine Brüste, keine schlanke Taille, keine Hüften und keine Schamhaare). Nackt sieht sich das kleine Mädchen flach und geschlitzt, den asexuellen Puppen gleichend, die in Geschäften verkauft werden.«[11]

So versetzt sich das kleine Mädchen in der Phantasie in die Rolle der Mutter, wenn es sich verkleidet oder mit Busenpuppen spielt, immer im Bewußtsein dessen, was es »noch nicht« hat. Das Mädchen wächst mit zwei Körpervorstellungen auf: es gibt einen unzulänglichen Jetzt-Körper und einen Später-Körper. Oder wie Christiane Olivier formuliert: »Das ›Du bist ein kleines Klitorismädchen‹ ist im mütterlichen Unbewußten ersetzt durch ›Du wirst eine Vagina-Frau sein, die mit einem Mann Lust erleben wird, später‹.«[12]

Kommt uns das nicht bekannt vor? Die Aufspaltung in zwei Körper, zwei Wesen: ein »reiner« Mädchenkörper, leer, ohne weibliche Rundungen, auf den niemand schaut – der »gut« ist. Bis zur Pubertät. Dann plötzlich formt sich ein Frauenleib, der Blicke auf sich zieht, kommentiert wird und an Sexualität, mögliche Schwangerschaft erinnert, der menstruiert – und »böse« ist. »Ich habe das Gefühl, ich bin ein geteilter Mensch«, sagt Marion. Sie erlebt die geschätzte »gute« Seite, wenn sie Kontrolle halten und fasten kann, während sie die »bösen«, gierigen Freßanfälle wie außerhalb von sich selbst empfindet – als würde eine fremde Macht über sie herrschen, sie bezwingen. Das »Gute« allerdings wird unbewußt mit »Nichts« gleichgesetzt, denn die frühere Alternative im Vergleich zu Vater, Bruder *und* Mutter brachte das Ergebnis: ein kleines Mädchen habe nichts – weder Penis noch Brüste – ich bin zwar gut, aber leer.

Wenn ich jetzt noch einmal über die frühe Beziehung der kleinen *Tochter* zu ihrer Mutter schreibe, und nur diese betrachte, heißt das nicht zwangsläufig, der Junge mache eine ganz andere Entwicklung durch. Aber ich möchte gerne von der Polarisierung

Junge – Mädchen wegkommen, die Vergleiche zwischen ihnen vorläufig außer acht lassen und trotzdem nicht von »dem Säugling« sprechen, der in unserer Vorstellung dann weder Junge noch Mädchen ist.

Die orale Beziehungsphase zwischen Mutter und Tochter

Die symbiotische Beziehung des kleinen Mädchens zu seiner Mutter ist eine ganzheitlich leib-seelische: Während es trinkt, nimmt es die Mutter über die Nahrung in sich auf, schmeckt sie, riecht sie, spürt den Körper der Mutter, hört ihre Stimme, fühlt mit seinen Händchen ihre warme Haut und tastet mit den Augen ihr Gesicht ab. Dies ist ein Zusammenspiel aller Sinne, und im Erleben der Tochter ist die Mutter ihr zugehörig, sind beide eins.

So ist die körperliche Erfahrung des Gestilltwerdens zugleich eine sinnenhafte, ursprünglich erotische. Einige Autoren meinen, es gebe dabei ein »spontanes Überfließen oraler Erregung in die Vaginalzone«[13]. Ein ganzheitliches Reagieren des weiblichen Körpers beim lustvollen Saugen finde ich durchaus vorstellbar, auch wenn die Vagina bis zur Pubertät physiologisch ein nur »unterentwickeltes Organ« ist.[14]

Auf diesem Urerlebnis ließe sich nämlich das spezifisch weibliche Bedürfnis einer Verbindung von Seele *und* Körper besser nachvollziehen, das auch Erich Neumann beschreibt: »Die Verbindung von geistiger Ergriffenheit mit körperlich-orgiastischem äußert sich ... darin, daß sie [die Frau] bei geistigen Erregungen, z. B. bei Musik, bis zum Orgasmus kommen kann, und daß auch ihr ›Verstehen‹ geistiger Inhalte mit körperlichen Inhalten verbunden sein kann. Das heißt, sie versteht, symbolisch gesprochen, nicht mit dem Kopf, sondern mit dem ganzen Körper...«.[15] Und deshalb reagiert sie wohl auch mit dem ganzen Körper auf Verstörungen.

Weil wir schon von einer »Verzerrung des Körperbildes« gesprochen haben, die den eßkranken Frauen nachgesagt wird, gehe ich noch einmal auf die erste Körpervorstellung ein.

Innerhalb der geschützten, allmächtigen Zweieinheit zwischen Mutter und Tochter formt das kleine Mädchen in sich auf der Ebene von Spannung und Ent-Spannung, von Lust- und Unlusterfahrungen ein noch undeutliches Körperschema. Im Laufe der weiteren Entwicklung errichtet sich schließlich das »Körper-Ich« zum einen aus Empfindungen im Körperinnern und zum andern aus den Wahrnehmungen an den Körpergrenzen.

Die liebevolle Zuwendung der Mutter, nicht zuletzt auch bei der Versorgung und Pflege des kleinen Mädchenkörpers vermittelt ihrer Tochter ein Gefühl der Kostbarkeit: Sie wird den von der Mutter geschätzten Körper mögen und neugierig seine Fähigkeiten ausprobieren.

An dieser Stelle nun drängt sich wieder der Gedanke auf, ob die Mutter den Körper ihres Jungen spannender findet als den der Tochter – wenn ja, dann schlägt sich das in der Ausbildung des Körper-Ichs des Mädchens sicherlich wieder. Ist sie nicht diejenige, die so sehr auf Spiegelung von anderen angewiesen ist?

Hat die Mutter sie weniger bewundernd angeschaut als den Sohn? Und sucht die Tochter nun diesen Blick ein Leben lang – auch in den Augen anderer Frauen, mit denen sie sich ständig vergleicht?

Die Anerkennung ihres Mädchenkörpers wird für die Tochter eine Bejahung ihres Da-seins bedeuten und ihr die Sicherheit vermitteln: ich bin gut so wie ich bin. Auf diesem Basisgefühl des von der Mutter Geschätztwerdens gründet sich die Möglichkeit der Identifikation mit ihr. Und diese wiederum bildet die Voraussetzung zur »Ablösung und Individuation«[16].

Die ersten Schritte der Loslösung beginnen nach Mahlers Beobachtungen mit einem halben Jahr, wenn das kleine Mädchen an den Haaren der Mutter zupft, ihr etwas zu essen in den Mund schiebt oder sich kräftig von ihr wegstemmt, um sie prüfend anzuschauen. Diese Phase der »manuellen, taktilen und visuellen Erforschung der Mutter« dauert bis zu sechs Monaten an und ist ganz wesentliche Voraussetzung zur Unterscheidung von »Selbst« und »Nicht-Selbst«.

Das Selbst – oder die Identität – entsteht also aus zwei grundlegenden Beziehungserfahrungen des kleinen Mädchens: Die erste basiert auf dem körperlichen Erleben als Ergebnis einer liebevollen, verläßlichen Pflege; die zweite Erfahrung formt sich aus der allmählichen Wahrnehmung einer persönlichen Abgegrenztheit vom anderen.

Das Realitätsprinzip

Jetzt tritt der Vater deutlicher ins Blickfeld seiner kleinen Tochter. Sie unterscheidet ihn von den anderen Personen ihres Umkreises, erkennt seine Stimme, sein Lachen und freut sich mächtig, wenn er kommt. Sie bemerkt dann auch eine Veränderung an der Mutter, die anders lächelt und nicht so spricht wie etwa mit ihr. Beide Eltern haben viele gegensätzliche Gesichter, lauter unterschiedliche Töne, je nachdem, ob sie mit den Geschwistern reden, schimpfen, telefonieren, einkaufen oder Besuch bekommen. Jedesmal gibt es Neues an ihnen zu erforschen. Über solche Vergleiche lernt das Mädchen allmählich sie und sich zu »differenzieren«.

Hier ist der Vater natürlich sehr wichtig, der eine »andere« Beziehung hat zu seiner Frau als zur kleinen Tochter, die wiederum bei der Gegenüberstellung jener voneinander abweichenden Kontakte sich selbst entdeckt und ihre persönliche Identität ausbildet.

Vielleicht hat Christiane Olivier recht, wenn sie mit Vehemenz die häufige Abwesenheit des Vaters in jener Zeit beklagt – denn anscheinend sind die inneren Mutter-Bilder beim kleinen Mädchen wesentlich früher wirksam als die mehr oder weniger unklaren Vorstellungen über den gegensätzlichen Vater.[17] »Die Geburt des Selbst« hat mit dem Erkennen der Realität zu tun,

»denn so lange kein Außen existiert, gibt es auch kein Selbst«.[18]

Es scheint, als sei gerade die Beziehung zum Vater von dieser neu zu erfassenden Realität geprägt, denn die Mutter wird ja noch mehr oder weniger ungetrennt erlebt. Der Vater dagegen repräsentiert als Eigenständiger – außer er pflegt die Tochter in der gleichen Weise wie die Mutter – das Draußen, die Welt. Alice Balint meint, die Liebe zur Mutter sei ursprünglich ohne jeden Wirklichkeitssinn, »während Liebe und Haß im Hinblick auf den Vater unter dem Bann des Realitäts-Prinzips stehen«. Wegen dieser unterschiedlichen Verinnerlichung zeichnen Mädchen »böse« Stiefmütter, der »böse« Vater aber brauche kein Stiefvater zu sein, weil er eben auch in der Phantasie des Kindes regierender König ist . . .

Im Spieglein an der Wand sieht sich unsere inzwischen acht Monate alte Tochter neben der Mutter, und sie begreift plötzlich, daß jeder für sich ist. Damit endet die symbiotische Zwei-Einheit ebenso wie die sich daraus nährende Sicherheit. Jetzt weint die Kleine, sobald die Mutter weggeht. Sie spürt ihr Alleinsein und die Angst, ihre Mama könne sie verlassen. Manchmal fürchtet sie fremde Menschen, nichtvertraute Räume, und klammert sich an die Mutter, als wolle sie zurück in die schützende Hülle der früheren Ungetrenntheit.

Dann wieder helfen ihr die wachsenden Fähigkeiten – sie kann krabbeln, sich aufrichten und lernt zu sprechen – über diese Einsamkeiten hinweg. Sie nutzt die körperliche Bewegungsfreiheit und ihre Worte, um Mama und Papa zu erreichen, Distanzen zu überbrücken:

»Wenn der Ruf und das Schreien die Funktion haben, die wahrgenommene Entfernung von der Mutter auszudrücken und die Verbindung zu ihr wiederherzustellen, dann fangen Mädchen, nachdem sie in den ersten Monaten mehr geweint haben, früher an zu sprechen und bekunden damit eine Abwesenheit, einen Abstand, den es zu überwinden gilt, um wieder bei der Mutter zu sein, was für Jungen gleichen Alters nicht gilt.«[19]

Nähe und Entfernung zur Mutter

Es scheint, als gebe es Unterschiede zwischen der weiblichen und männlichen Sprache: »Die eine, früh gesprochene, hat die Aufgabe, die Verbindung zu schaffen und den als unerträglich empfundenen Abstand zum/zur anderen aufzuheben; das ist die weibliche Sprache, die die Leere überspringt, Ähnlichkeit anstrebt und immer wieder Zustimmung sucht ... Die männliche Sprache drückt den Abstand aus ... ist meistens bar von Gefühlen und Angst ...«.[20]

Der Junge kennt die große Angst vor Einsamkeit nicht und muß sie nicht zu bewältigen suchen, weil die Mutter ihn von Geburt an als anderen spiegelt und bestätigt. Das kleine Mädchen dagegen ist wie sie selbst, und sie behandelt es, wie sie es von ihrer Mutter erfahren hat: zwiespältig. Einerseits im Bewußtsein des »zu wenig« aufgewachsen, möchte sie ihrer Tochter nun »genug« geben und verwöhnt sie; andererseits aber bereitet sie ihr Mädchen auf die Rolle der Entbehrenden vor, genauso wie es ihr geschehen ist. Sie vermittelt Überfluß und Einschränkung gleichzeitig. Vielleicht werden Mädchen darum auf der Basis ihrer kognitiven Fähigkeiten früher eigenständig als ihre gleichaltrigen Brüder. Zugleich aber bleiben sie häufig innerlich für immer abhängig, weil sie die Unabhängigkeit auch im Bemühen entwikkeln, die Entfernung zur Mutter, zum Vater zu überbrücken und der Einsamkeit zu entgehen.

Insofern hat auch das Laufenlernen für Mädchen eine andere Bedeutung als für Jungen. Zweifellos sind die ersten Schritte im Leben eines jeden Kindes von ungeheurer, beflügelnder Bedeutung. Ganz plötzlich ist es unabhängig geworden, kann Nähe und Entfernung zur Mutter selbst bestimmen, ist in der Lage, Dinge zu bringen, zu holen (der Mutter in den Schoß zu legen) – seinem Eroberungsdrang sind kaum Grenzen gesetzt. Und gerade das lustvolle Erleben der eigenen Bewegungen, die Freude an der Aufhebung räumlicher Begrenztheit durch die eigenen Körperfunktionen machen das Wesentliche dieser Entwicklungsphase aus. Damit erfährt der Bezug zur Umwelt eine deutliche Veränderung.

Dies betrifft vor allem die Beziehung zur Mutter. Ein der Welt vertrauensvoll zugewandtes kleines Mädchen wird sich neugierig von der »Heimatbasis« Mutter fortbewegen und die Umgebung erkunden. Seine ersten Schritte ohne fremde Hilfe führen es von der Mutter weg oder geschehen in ihrer Abwesenheit. Es kann dann sein, daß die Tochter über der Erforschung fremder Gegenstände alles vergißt – und ganz plötzlich zur Mutter zurückläuft, um sich an sie zu lehnen, sich ihrer zu versichern, »emotional aufzutanken«.

Das kleine Mädchen ist nun auf dem besten Weg zu seiner Verselbständigung und Unabhängigkeit: »Es läuft frei in aufrechter Haltung. Damit verändert sich seine Gesichtsebene; aus einem völlig neuen Blickwinkel entdeckt es unerwartete und ständig wechselnde Perspektiven, Freuden und Frustrationen.«[21]

Wie berauscht von seiner eigenen Leistung, in einem glücklichen Hochgefühl scheint nun alles möglich – das kleine Mädchen erlebt die eigene Größe und magische Allmacht. Oder anders formuliert: es befindet sich auf dem Höhepunkt seines Narzißmus.

Die »gehobene Stimmung« jener Zeit könnte auch mit der »übermütigen Flucht« aus der symbiotischen Beziehung zur Mutter zusammenhängen[22], obwohl eine Gefahr der Verschmelzung wesentlich geringer erscheint als früher auf jener Stufe der passiven Abhängigkeit des Säuglings. Jetzt läuft das kleine Mädchen fort, probiert Verlust und Wiederfinden im Versteckspiel: »weg« – und »da!« Es steuert aktiv seinen Kontakt zur Mutter und übt die Trennung, denn vermutlich erlebt es sie nach wie vor noch nicht endgültig als andere.

Auf diese Weise vergleicht es das in sich verankerte Bild der Mutter mit der Wirklichkeit, verfeinert »sein Wissen um die Mutter«. Nachdem es seine Fähigkeit, sich die Mutter in der Phantasie wieder vorzustellen, erneuert hat, kann es unbesorgt ihre Abwesenheit ertragen, bis sie wiederkommt.

Die anale Phase und der Penisneid

Dieser Zeitabschnitt der allmählichen Loslösung von der Mutter ist ein ganz entscheidender Schritt in der Entwicklung ihrer Tochter, denn die Mutter sollte ihr kleines Mädchen nun in angemessener Weise – und das ist abhängig von der speziellen Beziehung zwischen ihnen – loslassen und wieder auffangen können. Auch von der Mutter wird jetzt verlangt, die »kuschelige« Symbiose aufzugeben und zuzuschauen, wie die Tochter von ihr wegläuft; sie dabei sogar »mit einem sanften Schubs« zu ermutigen.[23]

Das bedeutet, den Körper der Tochter herzugeben, ihn aus den Armen, vom Schoß zu lassen. Es ist ebenso eine (Selbst-)Vertrauensfrage: Traue ich Mutter meinem kleinen Mädchen zu, daß es in die Welt geht, oder habe ich Angst um die Tochter, weil ich um mich selbst so große Angst habe? Gebe ich ihr ein positives Körpergefühl mit, weil ich selbst meinen Körper gut leiden kann, oder traue ich weder meinem, noch dem Körper meiner Tochter gutes, lustvolles Erleben zu?

Im Zuge der Verselbständigung des Mädchens – etwa im Alter von 14 bis 20 Monaten – entdeckt es auch den Geschlechtsunterschied. Wieder ist jene Zeit angefüllt mit komplizierten Erlebensqualitäten und widersprüchlichen Wünschen des kleinen Mädchens: es möchte die Welt entdecken, allein. Und doch der Mutter alles mitteilen, sie teilhaben lassen an neuen aufregenden Erfahrungen. Es möchte unabhängig werden und doch die Mutter nicht hergeben. Es hat Angst, die Liebe der Mutter zu verlieren und gleichzeitig fürchtet es, von ihr vereinnahmt zu werden.

Diese Ambivalenz wird ganz deutlich gegen Mitte und Ende des zweiten Jahres, wenn die kleine Tochter die Kraft ihres »Nein« entdeckt und davon Gebrauch macht.

So besteht zwar einerseits eine große Anspruchshaltung des kleinen Mädchens, das sich noch aus dem Hochgefühl seiner Omnipotenz speist, andererseits aber erfährt es zunehmend die Getrenntheit von der Mutter, stößt oft schmerzhaft an die Grenzen der eigenen Fähigkeiten und erlebt, daß es vieles »noch nicht« kann. Es wird sich seiner Kleinheit bewußt – und seiner Andersartigkeit.

Ist es wirklich traurig, keinen Penis zu besitzen, fürchtet es tatsächlich, kastriert worden zu sein, wie in der psychoanalytischen Literatur so oft vermutet wird? Zweifellos hat das Mädchen kein herausragendes Geschlechtsteil, das es stolz fühlen, an dem es sich festhalten kann und dessen Berührung erlaubt ist. Sein Geschlecht bleibt ihm »unten« verborgen, trägt meist keinen Namen, während das »Zipfelchen« oder wie immer der Penis des Bruders innerhalb der Familie bezeichnet wird, gar einen Kosenamen erhält und damit ein Eigenleben bekommt wie eine Puppe, eine Person oder ein »alter ego«[24].

Vielleicht könnten die Schwestern auf die Buben neidisch werden, denn die Mütter haben für die Geschlechtsteile ihrer Töchter ». . . weder Ehrerbietung noch Zärtlichkeit. Sie lenken ihre Aufmerksamkeit nicht auf dieses verborgene Organ, von dem man nur die Einfassung sieht und das sich nicht in die Hand nehmen läßt. Ihres ist gewissermaßen überhaupt kein Geschlechtsteil . . .« schreibt Simone de Beauvoir. Und weiter: Das Mädchen »empfindet dieses Fehlen nicht als einen Mangel; sein Körper ist ihm offenbar eine Ganzheit; aber es findet sich in der Welt in einer anderen Situation als der Junge; und eine Gesamtheit von Faktoren kann in seinen Augen diesen Unterschied in eine Unterlegenheit verwandeln«.[25]

Auch die nächste Generation sieht die Dinge zwischen Mann und Frau als ähnlich verfahren an. So antwortet die Filmregisseurin Margarethe von Trotta auf die Frage eines Interviewers der ZEIT (11. 7. 1986), ob sie gern ein Mädchen gewesen sei:

». . . als Kind wollte ich immer ein Junge sein. Ich fand es schrecklich, keinen Penis zu haben. Es gab um uns Mädchen einige Knaben, die uns verfolgten und im Laufen anpinkelten. Die machten das nicht nur im Stehen. Das fand ich ungeheuer demütigend, weil ich es nicht zurückgeben konnte. Ich bin stundenlang auf dem Klo gestanden und habe versucht, auch in so einem Bogen zu pinkeln. Aber es ging nicht. Manchmal frage ich mich, warum ich nicht auf die Idee kam, einfach hinzufassen und die Waffe gegen den Angreifer zu richten. Heute würde ich das vielleicht tun. Damals bin ich schreiend davongerannt.

. . . Es war nicht nur Penisneid, was ich empfunden habe. Wenn sich ein Mädchen wünscht, ein Knabe zu sein, hat das auch damit zu tun, daß Jahrtausende lang das Männliche für das Wertvolle gehalten wurde. Väter haben immer Söhne gewollt und die Töchter umgebracht oder als minderwertig behandelt. Schon bei den Griechen wurde über geistige Angelegenheiten allein von den Männern befunden. Die Frau wurde mit zwölf Jahren verheiratet, saß dann zu Hause und war der Abputzer für das männliche Sperma. Das ist nicht spurlos an uns vorbeigegangen. Ich spüre es heute noch. Wenn ich versuche, mit Männern zu sprechen, stelle ich fest, daß sie mich gar nicht begreifen wollen. Mit Frauen macht es mir Freude zu reden, weil ich nicht dauernd das Gefühl habe, gegen eine Mauer zu rennen. Männern will ich mich nicht mehr verständlich machen. Ich setze bei einem Mann kein wirkliches Interesse voraus. Natürlich ist er sexuell interessiert, aber meine Verzweiflung, meine Verletzlichkeit, alles, was mich zu einer schwierigen Person macht, will er nicht wissen. Wenn ich mit einem Mann über meine Verzweiflung spreche, hat er danach bestimmt keine Lust mehr, mit mir zu schlafen.«

Als ahnte das kleine Mädchen ein solches Schicksal voraus, reagiert es also mit einem Stimmungsabfall auf die wunderbare Zeit des narzißtischen Höhenflugs.

Vermutlich spielen hier mehrere Faktoren zusammen: Einmal die erwähnte Bewußtwerdung des Klein-Seins und der eigenen Begrenztheit; dann das Erleben der Trennung von der Mutter als Verunsicherung – (im Gewahrwerden ihrer Beziehungen zu anderen Personen und Dingen); nicht zuletzt die Erkenntnis des eigenen Anders-Seins – nämlich als kleines Mädchen noch nicht einmal so zu sein wie Mutter, geschweige denn wie Vater und Bruder, die ganz anders sind, sich aber doch wenigstens ähneln.

Mahler beobachtet bei Mädchen, die den Penis des Jungen entdeckt haben, »Angst, Ärger und Trotz. Sie wollten den Geschlechtsunterschied zunichte machen. Daher schien es uns, daß die Masturbation bei den Mädchen öfter als bei den Jungen und in einem frühen Alter einen verzweifelten, aggressionsgetränkten Charakter hatte ...«.[26]

Die Tochter tröstet sich selbst über die Erfahrung ihrer Andersartigkeit, und weil sie nicht genügend Information über ihren Körper und seine in ihm verborgenen Qualitäten bekommt, fühlt sie sich plötzlich sehr einsam.

Sollte sie nicht auch neidisch sein auf die Mutter, die geheimes Wissen besitzt, mit dem Vater Kinder zeugen, diese in sich tragen und auf die Welt bringen kann? Sollte sie nicht mutlos werden angesichts solch magischer Fähigkeiten? Und woher nimmt die kleine, flachbrüstige Tochter die Gewißheit, ihr werden tatsächlich Busen wachsen wie sie diese bewunderte, gefürchtete Frau neben ihr hat?

Ich meine, hier gründet sich eine tiefe Angst. Nicht unbedingt davor, kastriert worden zu sein, denn daß das Mädchen annimmt, es sei ein Junge gewesen, kommt mir nicht sehr wahrscheinlich vor. Die »Schamspalte« des Mädchens[27] und das »Anhängsel« des Jungen sind einfach zu verschieden – ebenso wie Mutter und Vater sich unterscheiden – warum sollte die Mutter früher Vater gewesen sein oder das Mädchen ein Junge? Vielleicht entspringt diese Idee dem erwachsenen Wunsch einer androgynen Vollkommenheit oder dem Neid des Mannes auf die weiblichen Möglichkeiten des Gebärens und Nährens. Olivier meint, die Gedanken des Penisneids stammen aus der »Phantasie eines Mannes, der unbedingt eine Vergleichbarkeit der beiden Geschlechter herstellen wollte, anstatt ihre radikale Verschiedenheit festzustellen«.[28]

Zweifellos bemerkt das kleine Mädchen im Zuge seiner geistig-seelischen und körperlichen Reifung diese radikale Verschiedenheit und mag unsicher, ängstlich, traurig darauf reagieren. Denn es hebt sich ja damit nicht nur vom Bruder, vom Vater als anders ab, sondern auch von der Mutter. Deshalb versucht es wohl in dieser Phase, sich der Mutter wieder anzunähern und Trost zu suchen. Oder es versichert sich der neuerworbenen, eigenen Fähigkeiten, die mit der willentlichen Beherrschung des Körpers

zu tun haben, um seine über das Körperinnere bestehende Unge-
wißheit zu beschwichtigen.

Allerdings wird dies der Tochter nur bis zum Eintritt in die
Pubertät gelingen, denn bis dahin wird ihr Körper zwar wachsen,
sich sonst jedoch nicht sichtbar verändern. Sie wird also das
Unbehagen oder die Angst in sich vergessen können, die ihr die
unerklärlichen, bei der Mutter mehr oder weniger deutlich wahrgenommenen Körpervorgänge machen. Bis zu ihrem 12. Lebensjahr etwa ist es der Tochter möglich, so zu handeln, »als ob«
sie keine Frau würde. Und wenn sie dann die Nahrung verweigert, kann sie ihre geschlechtliche Reifung weiter verleugnen.
Die Anorektikerin gibt vor, sie habe keinen weiblichen Körper.
Aber wenn der Körper in der Selbst-Vorstellung seines weiblichen Geheimnisses beraubt wird, ist er »leer« – und kein Essen
kann *diese* Leere füllen. Die junge Frau hat ihre Sinngebung, ihre
Identität verloren, auch wenn sie versucht, diese über einen
äußeren Perfektionismus wieder aufzurichten.

Hier kann von der leib-seelischen Einheit der Frau keine Rede
mehr sein, im asketischen Ideal wird der »böse« Körper als
»schmutzig« abgestreift und sein Begehren verachtet.

Wozu wäre dies notwendig, wenn nicht zum Schutz der eigenen
Integrität? Wovor?

In der frühen Phantasiewelt ihrer Tochter hat die Mutter verschlingende Aspekte – und im Versuch der Identifizierung mit ihr
traut sich die Tochter nun die gleichen magischen, hereinneh-
menden Kräfte zu, jetzt aus ihrem eigenen Körperinnern kom-
mend.

So sind es die dem Selbst zugehörigen, verschlingenden Anteile,
die Angst machen. Um mit der Analytikerin Gambaroff zu
sprechen: »...die Angst, in sich selbst hineinzufallen, nicht
mehr dazusein..., also eher ein Gefühl auf der Ebene der
Selbstbeziehung...«.[29]

Die Unwissenheit über die Vorgänge im Körperinnern des kleinen Mädchens läßt es auch »oben« und »unten« verwechseln,
ebenso »hinten« und »vorne«. Eine meiner kleinen Patientinnen
verweigert (im Alter von drei Jahren) jede Nahrungsaufnahme,

weil sie fürchtet, sie werde schwanger wie ihre Mutter. Denn nachdem das Baby unten herauskommt, so viel weiß sie, kann es ja nur oben hineingekommen sein . . . (Übrigens findet sich diese Phantasie, man könne schwanger werden über ein bestimmtes Essen, auch im Märchen[30].) Und als der Bruder auf die Welt kommt, reagiert dasselbe Mädchen mit einer schweren Verstopfung, hat sie doch Angst (und wünscht es gleichzeitig), sie trüge auch ein Kind in sich.

Diese Themen sind bei meiner kleinen Klientin, die inzwischen fünf Jahre alt ist, von großer Scham begleitet. Kaum spreche ich darüber, hält sie mir den Mund zu. Andererseits aber scheut sie sich keineswegs, mir unter den Rock zu gucken und zu verlangen, ich solle ihr zeigen, wie ich dort ausschaue.

Genau diese Diskrepanz – die Scheu vor dem Wort trotz der gleichzeitig grenzenlosen Wißbegierde – begegnet mir auch in den Therapien mit den großen, eßgestörten Schwestern: Einerseits fast exhibitionistisch ungehemmt innerhalb ihrer Familien, wenn es um die realen, körperlichen Vorgänge geht, dürfen andererseits die darum kreisenden Phantasien und Gefühle nicht ausgesprochen werden, denn dann würden die vagen Grenzen total verschwimmen.

Die Konturen zwischen Ich und Du, Mein und Dein formen sich allmählich über den Weg der vorhin geschilderten Ablösung und Unterscheidung von der Mutter und den anderen primären Bezugspersonen. Daran sind natürlich die wachsenden kognitiven und körperlichen Fähigkeiten des kleinen Mädchens ganz wesentlich beteiligt. Es übt Festhalten, Hergeben bzw. Loslassen und probiert die Kraft seines Wollens.

Anders formuliert: Das Muskelsystem koordiniert sich allmählich, und die kleine Tochter kann selbst entscheiden, ob sie – nicht nur ihre Ausscheidungen – hergeben oder festhalten will.

Dies ist die Zeit des Sand- und Wasserspiels, des größten Vergnügens an Matsch, Knete und anderen verwandten Objekten. Dinge werden in Schachteln versteckt und wiedergefunden, eingepackt und ausgepackt, Inhalte von Schubladen genauestens untersucht. Spardosen zum Beispiel üben besondere Anzie-

44

hungskraft aus, weil man oben etwas hineinstecken und – wenn's erlaubt ist – unten wieder herausholen kann.

Eigentlich ist die Geschichte der Kontrolle von Blase und Darm eine lustvolle. Das willentliche Loslassen der körpereigenen Produkte kann Spaß bereiten, Stolz hervorrufen, im Sinne von »gut gemacht« und »ich kann's ja alleine!«

Aber wie oft spielen sich Dramen ab um den Topfinhalt, ist hier erstmals vom »Ernst des Lebens« die Rede, gibt es Kampf und Tränen. Ob ihr Töchterchen »schon« oder »noch nicht« sauber ist, wertet vielleicht den persönlichen Erfolg oder Mißerfolg ihrer Mutter bei Nachbarn und anderen Müttern. Damit bekommt auch ihr kleines Mädchen einen ersten Vorgeschmack auf spätere Rivalitätskonflikte. Fassen wir noch einmal zusammen, was wir jetzt, auf dem Höhepunkt des Kampfes um Loslösung und Individuation, an unserem kleinen Mädchen beobachten können:

Es hat sich darauf eingestellt, nicht mehr gefüttert zu werden, sondern selbständig zu essen und weiß, »daß es sich nicht mehr impulsiv entleeren darf, vielmehr an vorbezeichneten Orten zu festgelegten Zeiten allein oder kontrolliert diese Tätigkeiten zu verrichten hat«.[31]

Es hat die Separatheit zwischen sich und der Mutter wahrgenommen, unter Umständen auf schmerzliche Weise. Damit hat es das Gefühl der gemeinsamen Allmächtigkeit aufgeben müssen, es ist auf die eigene Begrenztheit gestoßen. Gleichzeitig bemerkt es wohl auch die fehlende Macht seiner Mutter und versucht, diese nach seinem Willen zu »zwingen«, trotzig bestimmte Forderungen durchzusetzen und kann mordswütend werden, wenn das nicht klappt.

So schwankt das Mädchen extrem zwischen zähforderndem und einem unvermittelt zärtlich-anschmiegsamen Verhalten hin und her, als wolle es die einschränkende Realität lieber nicht anerkennen und wieder in die symbiotische, warme Umhüllung zurückschlüpfen.

Dies scheint verständlich, wenn die Entdeckung des Geschlechtsunterschieds tatsächlich so schockierend ausgefallen ist, wie manche Autoren es beschreiben; die Erkenntnis des Anders-Seins mag wirklich depressiv und einsam stimmen und Grund sein für den Wunsch nach Zuflucht bei der Mutter.

Aber damit nicht genug, jetzt ist auch noch der Topf »dran«. Die kleine Tochter formt ein Bewußtsein für »gut« gemacht oder »böse« gewesen, reagiert auf Anerkennung und Ablehnung von Mutter oder Vater sehr empfindlich.

Auf diese Weise bilden sich langsam innere Vorstellungen über »erlaubt« und »nicht erlaubt«, Vorläufer des Gewissens also, letztlich der Moral.

Hierbei hat neben der Nachahmung von Vorbildern die Angst vor Strafe eine wesentliche Funktion. In diesem kindlichen Alter ist Liebesentzug die härteste Strafandrohung, denn dieser läuft auf vorübergehenden Beziehungsabbruch, ja auf Trennung hinaus – und die ist für ein etwa zweijähriges Kind fatal.

Vielleicht werden Kinder heute weniger geschlagen als früher. Die sadistisch-erotische Komponente der körperlichen Züchtigung sei hier nur am Rande angemerkt, und an einem Beispiel verdeutlicht: Ein »böser« Bub schreit verzweifelt seinen strafenden Vater an: »Nein, laß die Mama schlagen, weil die hab' ich lieber!«[32] Umgekehrt kann natürlich eine masochistische Opferhaltung entstehen oder ein grundsätzlicher Hang zur Grausamkeit, die Unfähigkeit zum Mit-freuen oder Mit-leiden, weil eine innere Schutzmauer gegen solch entwürdigende Übergriffe aufgebaut werden muß.

Weder für Eltern noch für die Tochter ist dies eine einfache Zeit. Wenn die Sauberkeitserziehung zu früh oder zu streng einsetzt, kann das kleine Mädchen ihre Muskelfunktionen nicht in dem ihm gemäßen Tempo beherrschen lernen, sondern gerät zusehends in eine scheußliche Situation des Kampfes und der unvermeidlichen Niederlage. Es besteht ja kein Zweifel über die Ungleichheit der Kräfte und die Macht der großen Leute.

Wieder bietet sich als Fluchtmöglichkeit aus dieser (eventuellen) Ohn-macht entweder ein Rückzug zur Mutter an oder aber der stürmische Weg nach vorn, in die weitere Selbständigkeit.

Aber eine auf diese Weise wachsende Fähigkeit, alles ohne Hilfe zu schaffen, macht sehr einsam und traurig.

Brave Töchter

Ist es eine Anpassungsleistung, daß Mädchen dieses Thema wieder früher abhaken als ihre Brüder? Ist es die Freude an der Autonomie? Vielleicht steckt der Wunsch dahinter, möglichst schnell so zu werden wie Mutter, um dem ständigen »wenn du groß bist, dann erst...« zu entrinnen? Eventuell drängt die Mutter ihr Töchterchen eher zur Sauberkeit, weil die reale Pflegeleistung des Reinigens und Eincremens des Mädchens, das so gebaut ist wie sie, ihr zu intim scheint, unbewußt wie »homosexuell« verarbeitet wird?[33]

Offene Fragen. Wie auch immer die Antwort lautet, das Ergebnis scheint festzustehen: Das kleine Mädchen ist von Mutters Schoß geklettert und versichert mit Nachdruck: »will selber!« Aber noch ist es die Mutter gewohnt zu versorgen, aufzufangen, zu halten, zu tragen – und tut dies von Herzen gern. Für sie klingt das »will selber« vielleicht wie »brauch dich nicht«, was sie überflüssig macht, sie enttäuscht, in ihr eine ärgerliche Antwort provozieren kann: »Dann eben nicht! Wirst schon sehen, wie du alleine fertig wirst...«, oder aber gesteigerte Fürsorglichkeit im Sinne von »das kannst du doch noch gar nicht«.

Eine andere Mutter wieder liest ihrer Tochter die Wünsche von den Augen ab und springt ein, ehe die kleine Madame selbst überhaupt gemerkt hat, daß sie irgend etwas möchte. Diese Mutter »erahnt«, was der Tochter fehlt, weiß, was die Tochter fühlt, denkt und was für sie gut ist. Sie bemüht sich, alle Hindernisse aus dem Weg zu räumen, Frustration und Tränen zu vermeiden – und wird damit leider, trotz aller Liebe, unbewußt selbst zum Hindernis.[34]

Auf diese Weise sitzt die Tochter immer vor einem gedeckten Tisch und spürt gar nicht, ob sie Hunger hat oder nicht. Sie weiß auch nicht genau, ob sie satt ist oder nicht, sie kennt sich eigentlich überhaupt nicht richtig aus.

Es erübrigt sich vielleicht zu sagen, daß wir gerade unserem später eßgestörten jungen Mädchen begegnet sind; wir werden es nachher wiedertreffen, in der Pubertät, wenn Ablösung, Individuation nahezu unumgänglich werden, ein zumindest grob skizzierter Lebensplan verlangt wird, allein um (Schul- oder Lehr-) Entscheidungen treffen zu können.

Diese Töchter haben keine besonderen Schwierigkeiten gehabt in jener Zeit der Sauberkeitsentwicklung, sie haben auch keine gemacht – jedenfalls erinnert sich niemand daran. Sie sind brave, etwas mehr oder weniger angepaßte Kinder, die sich »völlig problemlos« verhalten.

Bei genauerem Hinsehen allerdings fällt auf, daß unser kleines Mädchen nicht kämpft, sich nicht wehrt – ihr Nein eher zaghaft murmelt als damit auftrumpft – oder daß sie es irgendwann aufgegeben hat, sich zu behaupten. Vielleicht ist ihr »Wille gebrochen« worden, wie man es gelegentlich noch hört – ich kann mir eher vorstellen, daß er in fast grenzenloser Zuneigung und Versorgung einfach steckengeblieben ist, »um Mama nicht zu enttäuschen« oder ähnlich.

Falls es an dieser oder anderer Stelle so klingt, als ließe sich hier der Maßstab »richtig« oder »falsch« verwenden, liegt das nicht in meiner Absicht. Ich möchte zu verstehen suchen, wie die kleine Tochter die zunehmende Erweiterung ihres Umfelds verarbeitet, wie ihre Selbst-Vorstellung ausschaut, ob sie Vergnügen an sich und ihrer wachsenden Körperbeherrschung findet – und wie sich während jeder ihrer Reifungsschritte die Beziehungen zu den wichtigen Menschen ihres Lebens gestalten.

Das kleine Mädchen imitiert die große Frau neben sich, die selbst eine Tochter ist und früher wohl ganz ähnliche Erfahrungen gemacht hat wie ihre Tochter jetzt. Ich will damit sagen, daß die Mutter des eßkranken jungen Mädchens häufig noch an ihrer eigenen Mutter »hängt« (oder sich nach den Maximen der Schwiegermutter richtet). Es fällt ihr außerordentlich schwer, Nein zu sagen. Nicht nur, daß sie es nicht wagt, außerhalb der eigenen Familie ihren Willen durchzusetzen, es passiert ihr, daß sie zwar feinfühlig erspürt, was für die andern gut ist, aber keine Ahnung hat, was für sie selbst gut wäre. Sie ist eine Mutter, die viel Rücksicht nimmt und lieber »man« sagt als »ich«.

Wie sollte ihre kleine Tochter sich trauen, ihr »Ich« zu verteidigen? Woher mag sie die Kenntnis nehmen?

Während dieser Zeit prägt sich ein Gefühl von Großzügigkeit oder Enge in vielerlei Hinsicht: Beim Lernen zum Beispiel kommt es auch darauf an, ob die kleine Schülerin ungestört aufnehmen, verdauen und ohne Zwang hergeben kann – ebenso wie in bezug auf Geld oder Geschenke – oder ob sie drauf sitzenbleiben muß, aus Angst, sich selbst zu verlieren. Die Ausgewogenheit zwischen Nehmen und Geben wird über den Umgang mit den »Produkten« des Körpers gelernt. Natürlich lösen diese neuen Vorgänge im Körperinnern des kleinen Mädchens Unsicherheit, vielleicht Angst aus, denn in ihrer Vorstellungswelt liegen die unbekannten Größen, nämlich Babys und das gute, aufgenommene Essen im Zauberbauch der Mutter nebeneinander. Daß Kot »schmutzig« ist, gehört zur völlig neuen Erfahrung der Tochter.

Welch ein Widerspruch: Sie wird gelobt ob ihrer prompten Darmtätigkeit, die Mutter legt so viel Wert auf das ganze Geschäft – und dann verschwindet es »bah-bah« in der Toilette. Verwirrende Zustände.

Erikson schreibt, in jenem Alter entscheidet sich »das Verhältnis zwischen Liebe und Haß, Bereitwilligkeit und Trotz, freier Selbstäußerung und Gedrücktheit. Aus einer Empfindung der Selbstbeherrschung ohne Verlust des Selbstgefühls entsteht ein dauerndes Gefühl von Autonomie und Stolz; aus einer Empfindung muskulären und anderen Unvermögens, aus dem Verlust der Selbstkontrolle und dem übermäßigen Eingreifen der Eltern entsteht ein dauerndes Gefühl von Zweifel und Scham«.[35]

Was es bedeutet, dem »Blick von tausend unbarmherzigen Augen«[36] ausgeliefert zu sein, können wir vielleicht nachfühlen, wenn wir an das Märchen von »Des Kaisers neue Kleider« denken. Um genau diese Bloßstellung geht es.

49

Dabei spielen Manipulationen am kindlichen Körper – Zäpfchen, Einläufe zum Beispiel – eine große Rolle, ebenso wie die übertriebene Beobachtung der ganzen Ausscheidungsvorgänge, respektlose Späße oder Bemerkungen vor Fremden. Sicherlich reagieren hierauf die in ihrer Sensibilität verschieden veranlagten Töchter auch unterschiedlich feinfühlig oder robust, je nachdem.

»Das empfindliche Kind, dem die allmähliche und wohlgelenkte Erfahrung der autonomen und freien Wahl nicht gegönnt war oder das durch einen frühen Vertrauensverlust geschwächt ist, kann all seinen Drang, die Dinge zu erforschen und zu betasten, gegen sich selber richten. Es wird *übermäßig selbstkritisch* und entwickelt ein frühreifes Gewissen. Anstatt von den Dingen Besitz zu ergreifen und sie spielend zu erproben, ist es besessen von seinem eigenen Wiederholungszwang; alles darf ›nur so‹, nur in einer bestimmten Reihenfolge und in einem bestimmten Tempo geschehen ... sein frühreifes Gewissen läßt ihm nichts durchgehen, er windet sich immer beschämt ... durchs Leben ...«.[37]

Die Beschämung und übermächtige Schuldgefühle sind Thema in den Therapien, wobei auffällt, daß die jungen Mädchen sich nicht einen einzigen Fehler zugestehen, nicht das Geringste falsch machen dürfen. Im Gegenteil, der perfekte Typ ist gefragt, und dieses Ziel wird zwanghaft verfolgt.

Natürlich drängt sich hier rückblendend eine Phantasie vom kleinen Mädchen im Rüschenkleid auf, das artig am Tisch sitzt, niemals den Kakao schlürft oder etwa wütend seinen Löffel in einen Spinatbrei gefüllten Teller patscht. Ob unser kleines Mädchen im Dreck gesessen, den Sand durch die Gegend geschmissen hat? Ist es auf Bäume geklettert und war frech? Hat es »schmutzige« Wörter benutzt und mußte es sich »schämen«?

Ich habe inzwischen so oft gelesen, daß kleine Mädchen mehr zum Puppenspielen ermutigt werden als zum Toben, und daß aktives Handeln den Buben vorbehalten sei – ich könnte fast dran glauben. Wo käme sonst diese unauffällige, brave, leistungsfähige, sympathische und hübsche Tochter her?

Nicht von ungefähr übrigens finden sich dann so viele Bulimike-rinnen in »öffentlichen« Berufen, wo genau diese Fähigkeiten gefragt sind. Man sagt Lady Di oder Nancy Reagan nach, sie regulierten auf diese Weise ihr Gewicht[38], Sängerinnen, Fotomo-dellen, Schauspielerinnen, Tänzerinnen – so manchen phantasti-schen Frauen.

Die ödipale Phase und der Vater

Unser kleines Mädchen aber ist jetzt erst etwa vier Jahre alt und verliebt sich gerade, der klassischen Ödipus-Idee Freuds zufolge in seinen Vater. Dazu muß es die primäre Liebe zu seiner Mutter aufgeben oder auch nicht – wir nähern uns einem schwierigen Kapitel.

Seit Freud ist einige Zeit vergangen, und manche seiner Ansich-ten haben sich bestätigt, andere sind revidiert. Letzteres trifft vor allem auf seine Abhandlung über die weibliche Sexualentwick-lung zu.

Daß es selbst ein Mädchen ist und daher zumindest der Mutter ähnlich, hat die Tochter längst gemerkt. Wahrscheinlich ist sie eifersüchtig auf den Bruder, nicht in erster Linie, weil er einen Penis besitzt, sondern weil er mehr Bewegungsfreiheit und andere mütterliche Anerkennung genießt. Diese Tatsache scheint sich allmählich deutlicher herauszukristallisieren.[39] Aber noch kann das kleine Mädchen ». . . die wirkliche Überlegenheit des Jungen durch die Versprechungen ausgleichen, die in seinem Frauenschicksal beschlossen liegen und die es schon in seinen (Puppen-)Spielen verwirklicht. Da es bisher nur seine kindliche Welt kennt, scheint ihm die Mutter mit mehr Autorität begabt als der Vater. . .«.[40]

Und »das Leben des Vaters ist von einem geheimnisvollen Prestige umwoben. Die Stunden, die er zu Hause verbringt, der Raum, in dem er arbeitet, die Gegenstände, die ihn umgeben, seine Beschäftigungen, seine Liebhabereien sind etwas Geheiligtes. Er ernährt die Familie, er ist für sie verantwortlich, er ist ihr Haupt. Gewöhnlich arbeitet er außerhalb des Hauses und vermittelt die Verbindung mit der übrigen Welt. Er ist die Verkörperung dieser abenteuerlichen, ungeheuren, schwierigen und dabei wunderbaren Welt...«, schreibt Simone de Beauvoir, und ihr scheint es ähnlich ergangen zu sein wie mancher Tochter heute: Aufgrund seiner körperlichen Abwesenheit wird der Vater idealisiert und mächtig angehimmelt. Oder die Tochter lastet ihm »ungeheure sadistische und strafende Eigenschaften« an.[41]

Falls ihn die Tochter andererseits zu besitzergreifend oder verführerisch findet, reagiert sie vermutlich ängstlich oder abwehrend. Sehr wahrscheinlich nimmt sie solche Gefühle dann mit ins Erwachsenenleben, und es könnte sein, daß sie eine gewisse Scheu vor Männern – und der Sexualität – nie verliert.

Wir sehen also, daß die Rolle *beider* Elternfiguren von unserem kleinen Mädchen auf andere Weise wahrgenommen und verinnerlicht wird als bisher.

Aufgrund seiner wachsenden Autonomie, der inzwischen beiläufigen Beherrschung sämtlicher Bewegungen kann es sich mehr der Erforschung seiner Umwelt und der Entdeckung aller möglichen Zusammenhänge zuwenden. Erikson nennt diese Zeit die des »Eindringens« und meint damit das Eindringen in bestimmte Erkenntnisse (in die der geheimnisvollen Zeugung zum Beispiel), aber auch in die häuslichen Gesetze und zwischenmenschlichen Regeln über Familie, Spielkameraden und die »kleine Politik des Kindergartens«[42].

Dabei hilft der Vier- bis Fünfjährigen natürlich, daß sie inzwischen sprachlich sehr viel erfassen, verstehen (und mißverstehen) kann, daß sie ihrer großen Wißbegierde in Fragen Ausdruck verleiht und befriedigende Antworten bekommt.

Manche dieser Fragen beantwortet sie sich selbst, denn ihre Vorstellungswelt ist reich an halb geträumten, halb gedachten Bildern, die ihr gelegentlich auch Angst machen, deren phantastische Macht sie in Tag- und vor allem Nachtträumen fürchtet. Aber sie vergißt diese Träume wieder, hat sie doch auch andere, magische Gedanken an einen Prinzen vielleicht, den sie trifft

– oder daß sie selbst »vertauscht« worden ist, in Wirklichkeit ganz andere, viel bessere Eltern hat – in einem anderen Land, auf einem anderen Stern. Wenn die Realität gelegentlich bitter schmeckt, holt sich das kleine Mädchen das reich bestückte Tischlein-Deck-Dich seiner Phantasie, von dem sich seine Seele nährt und das über alle Unbill tröstet. Im Gedankenspiel ist alles möglich – und manchmal verwischen sich die Grenzen der nüchternen Wirklichkeit mit denen der farbigen Wunschwelt. Die Erwachsenen bezeichnen wunderbare Geschichten oft als Lügen, sie verstehen nichts. Gerade fühlte sich die Tochter noch groß, mächtig, froh – ganz plötzlich ist sie klein und zornig.

Sie weiß aber genau, daß sie jetzt nicht mit dem Fuß aufstampfen, Türen knallen oder etwa häßliche, aggressive Wörter sagen darf, denn ihr Gewissen ist inzwischen recht gut ausgebildet. Sie hat die Wünsche, Forderungen und Ideale ihrer Eltern einigermaßen »introjiziert«, das heißt, in eigene innere Bilder verwandelt, nach deren Richtlinien sie jetzt handeln wird – mit Ausrutschern natürlich. Und sie hat die *reale* Angst vor Strafe auch verändert. Jetzt fürchtet sie ihr Über-Ich, ihr Gewissen. Dabei hilft ihr das über die inneren Bilder der korrigierenden Eltern entstandene Schuldgefühl.[43]

Da liegt sie auch wieder vorn im Rennen, was sich ja fast erübrigt zu erwähnen. Sie »schämt« sich eher als ihr Bruder, und sie verhält sich pflichtbewußter – ihr Über-Ich ist nämlich auf dem besten Wege, ziemlich rigide zu werden und ihr in der Pubertät asketische Ideale aufzuzwingen.

Durchaus im positiven Bewußtsein, Tochter zu sein, auch wenn spritzende Gartenschläuche eine fast unwiderstehliche Faszination ausüben und Brüder angeblich um ein zwar kleineres, aber ähnliches Gerät an ihrem Körper beneidet werden, identifiziert sich das Mädchen allmählich mit der Mutter und ihrer weiblichen Rolle. Es hilft beim Tischdecken, Staubsaugen oder dergleichen, es imitiert die Mutter in seinem Spiel mit der Puppe. Und es versetzt sich weiter in die begehrte Rolle der erwachsenen Frau, wenn es Kleider, Schmuck oder Schminke der Mutter trägt und stolz vor dem Spiegel auf- und abmarschiert. Die

Tochter möchte als kleine Frau bewundert werden, vom Vater am allerliebsten.

Nachdem es schon das Gefühl mitgebracht hat, als Baby von der Mutter nicht genügend genährt worden zu sein, dann auch noch die in bezug auf bestimmte Befriedigungsmöglichkeiten tatsächlich gegebene Überlegenheit des Bruders anerkennen muß, will es nun endlich vom Vater gesehen, gewertet werden.

Und der Bub? Die Kastrationsangst

Ich möchte hier kurz unterbrechen und unsere Aufmerksamkeit einen Seitenblick lang auf die Entwicklung des Buben zur gleichen Zeit lenken, weil er der spätere Vater ist. Der Junge also, in einem angenehmen narzißtischen Gleichgewicht ob der gegengeschlechtlichen Bewunderung seiner Mutter[44], identifiziert sich mit seinem Vater und dessen Rolle, er bewundert ihn ebenso wie das Mädchen seine Mutter. Er ahmt ihn nach und will so werden wie er.

Er liebt auch die Mutter, einmal weil sie seine primäre große Liebe *ist* und zum andern, weil der Vater sie liebt. Wenn er groß ist, will *er* sie heiraten. Darum beginnt er nun, mit dem Vater um sie zu rivalisieren.

In der Phantasie sieht die Sache gar nicht so schlecht aus. Aber die Wirklichkeit ist ziemlich kränkend, beschämend, denn im Vergleich mit dem Vater schneidet der kleine Junge sehr schlecht ab. Ich meine, daß nicht in erster Linie die Kastrationsangst von seiten des Vaters für den Jungen eine beängstigende Drohung darstellt, sondern die Wahrnehmung einer aussichtslosen Unterlegenheit dem großen Manne gegenüber.

Die wirkliche Kastrationsangst des Jungen liegt wohl in der Angst vor der *Mutter* begründet.[45] Es ist nicht verwunderlich, daß er einen mit solch magischen Fähigkeiten begabten Körper wie den seiner Mutter zwar begehrt, beneidet, aber auch fürchtet. Kann in ihrem Leib doch ein Kind entstehen und ausgetragen

54

werden, das durch eine unheimliche Öffnung in ihr auf die Welt kommt. Dabei hat sie wohl Schmerzen und blutet. Dann kann sie dieses Kind auch noch mit ihrer eigenen Körpermilch wie durch ein Wunder ernähren. Und den Penis des Vaters in sich aufnehmen, mit ihm auf merkwürdige Weise kämpfen, den Vater besiegen – oder wie soll der kleine Bub dies alles verstehen? Was würde denn dann mit ihm selbst geschehen, wenn er die Mutter tatsächlich begehrte? Sein Penis ist doch viel kleiner als der des Vaters?[46] Alle diese ungefähren Ahnungen sollen einem vier- oder fünfjährigen, phantasiebegabten Knaben keine Furcht einflößen?

Es wird ihm gelingen, dieses Dunkle zu verdrängen (Freud spricht vom »dark continent« des Weiblichen), umzusetzen in tatkräftiges Handeln. Der Junge wird tüchtig werden, die Welt erobern, eine »Männergesellschaft« aufbauen, um dieser Angst Herr zu werden. Er wird seine Mutter nie vergessen, selbst wenn er sich von ihr gelöst hat, sie etwa haßt oder verachtet, als »Hure« oder »Heilige« erinnert; er wird sich immer nach ihr sehnen. Vielleicht findet er sie in »seiner« Frau, vielleicht sieht er sie in der kleinen Tochter.

Somit sind wir zurückgekehrt zu unserem Mädchen-Kind und seiner Beziehung zum Vater. Um das gegengeschlechtliche Gleichgewicht herzustellen, wollte ich den Buben nicht weglassen (es gäbe natürlich noch viel mehr zu sagen[47]): Nicht nur beneidet die Schwester ihren Bruder um seine Männlichkeit, sondern auch er beneidet sie, nämlich um ihre weiblichen Möglichkeiten.[48] Auf dieser Stufe sind beide sich einig im Neid auf die fruchtbare Omnipotenz der Mutter. (Aus diesem Grund nahm Freud eine bisexuelle Veranlagung des Kindes an.) Die Tochter wünscht, was sie »noch nicht« hat, und der Sohn hätte auch gern, was er dann fürchtet.

Vater, Tochter und das Inzestverbot

Begegnet er als erwachsener Mann und Vater seiner Tochter, die »noch nicht« hat, können wir annehmen, daß seine Angst reduziert ist. Das Mädchenkind stellt keine Befriedigungsanforderungen an ihn, sie wird ihn nicht verschlingen. Diese Frau im Kleinformat bewundert ihn, liebt ihn, hungert nach Anerkennung und Zärtlichkeit und spendet ihm ungeahnte narzißtische, männliche Aufwertung. Sie behandelt ihn zärtlich und zuvorkommend wie eine kleine Mutter und flirtet mit ihm wie eine kleine Frau.

Ich glaube, daß hier die Erklärung für so manche sexuelle Übergriffe erwachsener Männer auf Kinder zu suchen ist: Diese unfertigen kleinen Frauen sind keine Mütter, menstruieren nicht und machen überhaupt keine Angst (außer der des Inzest-Verbots). Eine Kindfrau muß der Mann nicht »besitzen«, um sie »in den Griff zu kriegen«, er kann sie vielleicht sogar behutsam behandeln, mit ihr weinen, sie »nur« streicheln[49] – aber insgeheim spielt der erwachsene Mann seiner Mutter einen mächtigen Streich, wenn er die (symbolisch auch ihre) kleine Tochter verführt.

Nun ist doch ein großer Umweg aus einem Seitenschritt geworden. Was aber hat das alles mit unserem Thema der Eßstörungen zu tun?

Ich habe schon erwähnt, daß manche bulimische Jugendliche über die mangelnde Respektierung ihres ganz privaten Bereichs berichtet und es doch nicht wagt, sich gegen das Eindringen in ihre Intimsphäre abzugrenzen. Sie fühlt die Blicke des Vaters »brennend« oder »abschätzend« auf sich liegen, wenn sie badet oder sich umzieht, und gelegentlich liegen gar die Hände des Vaters auf Po oder Busen, was sie als »eklig« empfindet, ohne sich wehren zu können. Natürlich schämt sich die Tochter vor ihrer Mutter, hat Schuldgefühle. Ob der vergleichsweise geringe Gewinn, vom Vater immerhin als sexuelles Objekt geschätzt zu werden, diese Verletzungen aufhebt, möchte ich bezweifeln. Denn auch das unabgegrenzte Verhalten des Vaters bringt die Tochter dazu, ihren Körper abscheulich zu finden und ihn als fremd abzulehnen.

56

Körper-Ich und weibliche Identität

Das Körper-Ich des kleinen Mädchens festigt sich in dieser »ödipalen« Zeit, von der ich – trotz Abschweifungen – immer noch spreche. Wir haben gesehen, daß beide, Junge und Mädchen, die Mutter um ihre körperlichen, allmächtig wirkenden Fähigkeiten beneiden und daß der Bub diese vermutlich sogar fürchtet.

Aber im Gegensatz zur Tochter wird der Sohn jene Fähigkeiten nie bekommen. Er hat die Möglichkeit, solcher Frustration oder unbewußten Ängsten auszuweichen und auf eine als »männlich« definierte Weise in Taten umzusetzen.

Die Aufgabe des Mädchens ist es, sich auf ihre Rolle als Frau (und Mutter) vorzubereiten. Ihre Freude am Wettbewerb, ihre Zielstrebigkeit beweist sie nun zwar in der Identifikation mit der Mutter, aber ihre eigene, unbestimmte Angst vor dem Frau-Sein und den körperlichen Konsequenzen wird sie damit nicht los.

Wenn Freud meinte, das kleine Mädchen kenne seine Vagina nicht, beweisen Berichte von Kinderärzten, die kleine Verletzungen dieser Gegend versorgen oder manchmal dort »eingeführte Fremdkörper« entfernen müssen, das Gegenteil.[50] Verwirrend ist, daß die Mutter diese Kenntnis nicht bestätigt, sondern sich der Tochter gegenüber so verhält, als habe sie gar kein Geschlechtsteil: »Mädchen ohne Unterleib« überschreibt Charlotte Kerner einen Artikel in der ZEIT, in dem es darum geht, daß bei Kindern zunehmend gynäkologische Probleme diagnostiziert werden, Ärzte und Eltern jedoch die Mädchen häufig wie »geschlechtslose« Wesen behandeln. Während beim Jungen das gut sichtbare Genital in die Routineuntersuchungen miteinbezogen wird, gehört eine gynäkologische Inspektion beim Mädchen zur Ausnahme und findet meist erst statt, wenn gravierende Probleme auftauchen. Kerner meint: »Es ist kein Zufall, daß Mütter und Tochter Benennungsschwierigkeiten in der Sprechstunde haben. Die Kinder- und Jugendgynäkologie berührt Tabuzonen. Menstruation und besonders Ausfluß, der schnell mit Geschlechtskrankheiten gleichgesetzt wird, gilt häufig immer noch als etwas Beschämendes und Schmutziges. Nicht zuletzt geht es auch um den Mythos Jungfernschaft. Eine gynäkologische Untersuchung wird nicht selten – bewußt oder unbewußt – mit einer Entjungferung gleichgesetzt. Zu wenige wissen, daß die Schleimhautfalte am Scheideneingang, Jungfernhäutchen genannt, in der Mitte ausreichend geöffnet und elastisch genug ist, um ohne Probleme ein kleines Vaginoskop einzuführen.«[51]

Falls das Mädchen vage um diesen Bereich ihres Körpers weiß und Parallelen zieht zur »Höhle« im Bauch ihrer Mutter, dann ist es durchaus denkbar, daß sie fürchtet, auch in sie könne etwas eindringen und sie verletzen – hat sie doch bestimmt ganz ähnliche Vorstellungen über die »Urszene« wie ihr kleiner Altersgenosse.

Der Vater ist ja nicht nur dem Jungen überlegen, sondern auch in den Augen der kleinen Tochter mächtig groß, und wenn sie ihn und die Mutter nackt sieht, bleibt es sicher nicht aus, daß sie Vergleiche zieht und sein Geschlecht vielleicht bedrohlich findet. Selbst wenn sie bewußt gar nicht so weit denkt, mag sie doch eine unbestimmte Angst empfinden vor dem der Frau gegebenen Befriedigungsmodus des »In-sich-Aufnehmens« bzw. In-sie-Eindringens, so daß die spezifische Angstquelle in einer Verletzung oder Zerstörung des eigenen Innenraums liegen kann. Nicht zuletzt werden solche unbewußten Ängste vermutlich von einer Entdeckung der Menstruation ihrer Mutter abgeleitet oder unterstützt.

Tragen wir die Aufgaben der Phase noch einmal zusammen, die Erikson mit »Initiative gegen Schuldgefühl« überschreibt: Wenn wir es genau nehmen, bildet das kleine Mädchen, das allmählich nicht mehr klein ist, sein ureigenes, umfassendes Selbst-Gefühl aus drei nebeneinander liegenden Strängen seiner Identität: 1) der persönlichen, 2) der sexuellen oder Körperidentität und 3) der Geschlechtsrollenidentität.[52]

Diese drei vermitteln der erwachsenen Frau das Gefühl der weiblichen Integrität und Selbst-Sicherheit – wenn alles gut geht.

Die äußere Geschlechtsrolle über die Imitation der Mutter,

anderer Frauen und Mädchen für sich anzuerkennen, scheint wesentlich unkomplizierter zu sein als eine eigene, sexuelle Identität aufzubauen. Denn wenn die weiblichen Körpervorgänge von der Tochter als bedrohlich empfunden werden, kann der eigene Innenraum mit Angst besetzt sein. So müßte es dem Mädchen im Idealfall gelingen, jene Furcht zu überwinden und auch diesen Teil des Körpers in sein Gesamtbild aufzunehmen – spätestens in der Pubertät.

Die inneren Räume

Wenn die Tochter den »inneren Raum« ihrer Mutter – in seiner übertragenen Bedeutung – im Zuge vorwiegend guter Erfahrungen kennen- und nicht fürchten lernen konnte, wird sie diese gebenden Anteile der Mutter als auch zu ihrer eigenen Natur gehörig annehmen.[53]

Darunter sind die Aspekte der Mütterlichkeit zu verstehen, die das kleine Mädchen von Geburt an erlebt hat:

Sein eigener, im Hunger leerer Innenraum wurde mit warmer (Mutter-)Milch gefüllt. Auf der Basis dieser Versorgung entwickelt die Tochter ebenfalls den Wunsch »zu umsorgen und aus ihren inneren Räumen zu spenden. Die Erfahrung des analen inneren Raumes schließt ebenso den Wunsch ein, das narzißtisch hoch besetzte Produkt des Körpers zu behalten, wie den, es der Mutter zu schenken . . . Das Erlebnis der Gegenseitigkeit von Mutter und Kind wird in der oralen Phase in den gemeinsam geteilten Erfahrungen des Verschmelzens erlebt, in der analen Phase in der Erfahrung eines gemeinsam geteilten Objekts«.[54]

Wenn Selbst und Nicht-Selbst dann unterschieden, die Mutter und ihre Eigenheit von der Tochter deutlicher wahrgenommen werden, gelingt es ihr auch, die in versorgende Mütterlichkeit umgesetzten Aspekte des genitalen inneren Raumes der Mutter zu erfassen, wenngleich es diese Zusammenhänge noch nicht verstehen kann.

Die Tochter »identifiziert sich mit den mütterlichen Gefühlen der Sorge um Kinder, Partner und Wohnung«, ahmt sie im Puppenspiel nach, übt sie beim Umgang mit den Geschwistern und in zärtlicher Zuwendung zum Vater. Dies wird aber nur möglich, wenn die Mutter das Mädchen in ihre Gefühle des »genitalen inneren Raumes« einbezieht, das heißt, in Worten ihre Empfindungen mit-teilt. (Solches gilt natürlich gleichermaßen für den Sohn.)

Wird das Kind im Ungewissen gelassen, ist es seinen (Neid-) Phantasien ausgeliefert, kann es diese mütterlichen Erfahrungen nicht nachvollziehen. So entsteht eine innere Trennung der »genitalen« leiblichen von den seelisch-emotionalen Strebungen, die im Extrem eine Aufspaltung zwischen »schmutzigen« körperlichen Trieben und dem »reinen« Geist zur Folge hat, wie wir es im Symptom der Pubertätsmagersucht wiederfinden.

Wenn es der Tochter dagegen möglich wird, über eine »kreative Illusion« die inneren Räume der Mutter (und des Vaters) zu teilen, nämlich im Sinne einer schöpferischen Vorstellung über die Qualitäten des Mutterns (und Vaterns), braucht das Mädchen sich weder ausgeschlossen und einsam zu fühlen, noch neidisch oder zornig zu werden auf die Gebär-Mutter oder den Penis des Bruders (Vaters). Die Tochter wäre Teil eines triangulären Gefüges und könnte den ödipalen Konflikt in der Beziehung zu beiden Eltern unbeschadet bewältigen.

Die Tochter auf solche Weise als eigenständige Person ernst zu nehmen, schließt meiner Meinung nach auch eine liebevolle, kindgemäße Information über die dem weiblichen Genitalbereich zugehörigen Körperteile ein. Das Mädchen hat im Gegensatz zum Penis des Buben nicht nur eine Vagina oder »Schamspalte«, sondern als Teil seiner Vulva ist zum Beispiel auch die Klitoris ein wichtiger Aspekt dessen, was Mädchen haben. Da sichtbare und empfindliche Teile seiner ausgeprägten Weiblichkeit dem Mädchen nicht benannt werden, kann es das Gefühl bilden, es habe kein Recht, sich zu einer sexuell empfindenden Frau zu entwickeln.

Der Entdeckung dieser bisher unbenannten Körperstellen kommt die natürliche Neugier, der fast unstillbare Wissensdurst jenes Alters durchaus entgegen, aber oft wissen die Mütter selbst nicht Genaueres über ihren Körper und weichen der Fragelust ihrer Tochter aus. Ist die Mutter denn stolz auf ihren Körper? Mag sie ihn? Wohnt sie in ihm? Genießt sie ihre Weiblichkeit? Ich höre meist das Gegenteil: Wie die (eßgestörte) Tochter findet sich die Mutter häßlich, zu dick, unförmig, versucht Diät zu halten und braucht die Bestätigung ihres Mannes oder der Kinder, weil sie sich unsicher fühlt. Schließlich ist die Mutter Tochter ihrer Mutter oder besser die Enkelin einer Frau, die niemals über ihren Körper sprach und die aller Wahrscheinlichkeit nach unberührt in die Ehe ging – und dann vielleicht ziemlich erschrocken ist.

Welche Mutter früher oder heute informiert ihre Tochter über die weiblichen Geschlechtsorgane, die zum Teil kompliziert versteckt sind und ebenso schwierige Namen tragen: »außer der Klitoris, den Labien, dem Vorhof, der Scheide gehören ja auch Cervix, Uterus, Ovarien und Tuben sowie die Brüste dazu...«[55]. Klingt das nicht tatsächlich fremd und fast zum Fürchten? Und all das soll eine Mutter ihrer Tochter vermitteln?

Ja. Dazu braucht sie die Fremdwörter nicht zu wissen. Sie kann ihre eigenen Wörter finden, um ihre eigenen Gefühle mit ihrem eigenen Gespür an das kleine, große Mädchen weiterzugeben. Und wenn sie es wegen ihrer eigenen Scheu nicht schafft, könnte sie Unterstützung suchen. Es ist so wichtig, anders als früher.

Früher lebten die Kinder näher an der »Natur«, nicht nur bezogen auf ein Elternpaar und ein bis zwei Geschwister, sondern in einem wesentlich reichhaltigeren Umfeld, was menschliche und andere Erfahrungen angeht. Die heutige Öffentlichkeit mit ihren Publikationen und dem Fernsehen kann diesen großfamiliären, lehrreichen Raum nur unzulänglich oder gar nicht ersetzen. Und die Schule vermittelt zwar das Fremdwörter-Wissen, aber für die ergänzende, belebende Erfahrung solch unbekannter Größen sind doch Mutter und Vater zuständig.

Die Latenzzeit

»Man könnte sagen, daß sich die Persönlichkeit in ihrem ersten Stadium um die Überzeugung kristallisiert: ›Ich bin, was man mir gibt‹, im zweiten um die: ›Ich bin, was ich will‹. Das dritte kann charakterisiert werden durch: ›Ich bin, was ich mir zu werden vorstellen kann‹. Nun nähern wir uns dem vierten: ›Ich bin, was ich lerne‹. Jetzt will das Kind, daß man ihm zeigt, wie es sich mit etwas beschäftigen und wie es mit anderen zusammen tätig sein kann«.[56]

Das bedeutet für unsere Tochter, sie wird jetzt, nach der vorbereitenden Zeit des Kindergartens, zur Schule gehen. Erikson beschreibt weiter, wie auch in den primitiveren Kulturen die Kinder nun eingewiesen werden in die Handfertigkeiten ihrer speziellen Umgebung. Bei uns, in einer sogenannten »literalen Kultur mit ihrem Spezialistentum, müssen die Kinder zunächst einmal die Grundbegriffe des Lesens und Schreibens lernen . . . Je größer die Spezialisierung ist, desto undeutlicher wird das Ziel der Initiative; je komplizierter die soziale Realität ist, um so nebelhafter erscheinen die Rollen von Vater und Mutter in ihr.«[57]

Weil Mädchen und Jungen in der Grundschulzeit nahezu ausschließlich von Frauen unterrichtet werden, könnte sich bei den Kindern die zu Hause eventuell schon angebahnte Vorstellung weiter verfestigen: Wissen ist etwas Weibliches und Handeln etwas Männliches (in der Ansicht Bernhard Shaws ausgedrückt: »Wer was kann, handelt; wer nichts kann, lehrt«.[58]

Für das Mädchen besteht jetzt die Gefahr, aufgrund ihrer besser eingeübten Anpassungsfähigkeit und weiblichen Identifikationsbereitschaft mit der Lehrerin übereifrig und strebsam zu werden. Es zieht sich allmählich aus der vielleicht unklar oder gar gefährlich anmutenden Welt des Handelns, der sinnenhaften und körperlichen Abenteuer zurück. Seine Beschäftigungen sind stillerer Art und haben keinen Eroberungsgeschmack mehr.

Wieder treffen wir hier unser braves kleines Mädchen, das tüchtig lernt, Orientierung findet in ihren Büchern und guten Noten, das nie Nein sagt und überall beliebt ist, weil es sich

»pflegeleicht« verhält. Die Tochter fällt niemals unangenehm auf: sie ißt gut, spielt gut und lernt gut. Sie schaut nett aus, könnte allerdings ein bißchen pummelig sein, weil ihre Gutheit eventuell mit Süßigkeiten belohnt wird oder weil sie nicht viel im Freien herumtobt und sich noch weniger bewegt als früher.

Ob die Tochter in der Zeit zwischen Kindheit und Reifung ihre weiblichen Innenräume wirklich vergißt und die unbestimmte, vielleicht bedrohliche Ahnung über seine Vorgänge erfolgreich verdrängt, wie Freud meinte, sei dahingestellt. Allerdings, wenn sie später eß- oder magersüchtig ist, stellt diese Zeit tatsächlich kein aufregendes Thema dar.

Die Pubertät

Zweifellos ist die Pubertät für die Tochter viel schwieriger als alles, was vorher war.

Jetzt kann das zwölfjährige Mädchen nicht mehr so tun, als ob »es« einen diesem Wort entsprechenden Körper hätte. »Sie« nämlich spürt seine Veränderungen, noch ehe sie wirklich in der Lage ist, diese auch psychisch zu verarbeiten. (Das Auseinanderklaffen der früher einsetzenden physischen im Gegensatz zur etwas späteren psychischen Reifung scheint ein Nachteil unserer Zeit zu sein[59]). Je nachdem, wie die Mutter (oder jemand anderes) ihre Tochter vorbereitet hat, werden die Körpervorgänge freudig, ängstlich oder überhaupt nicht erwartet.

So fühlt das Mädchen mehr oder weniger überrascht die kleinen Knubel in seiner Brust langsam wachsen und bemerkt im Bauch ein komisches Ziehen, das fast wehtun kann wie eine Blinddarmreizung. Vielleicht reagiert die Mädchenfrau jetzt stolz, vielleicht geniert sie sich, vielleicht erschrickt sie auch.

Denn »in dieser wirren Zeit verwandelt sich der kindliche Körper in einen Frauenleib aus Fleisch und Blut. Abgesehen vom Fall des Versagens der Drüsen, wobei die Betreffende auf dem kindlichen Stadium stehenbleibt, setzt etwa mit dem 12. oder

13. Lebensjahr die Pubertätskrise ein. Beim Mädchen beginnt diese Krise viel früher als beim Knaben und führt zu viel wichtigeren Veränderungen. Das kleine Mädchen betritt sie beunruhigt, widerwillig. Im Augenblick, wo sich die Brüste und das Haarsystem ausbilden, entsteht ein Gefühl, das manchmal in Hochmut übergeht, aber seinem Ursprung nach Scham ist. Plötzlich äußert das Kind Schamgefühle, es weigert sich, selbst vor seinen Schwestern oder seiner Mutter nackt zu erscheinen, es prüft sich erstaunt, halb entsetzt, und beobachtet ängstlich das Anschwellen jenes harten, etwas schmerzhaften Kerns, der sich unter den Brustwarzen zeigt, und bisher so harmlos wie ein Nabel schien. Sie wird unruhig, weil sie einen verwundbaren Punkt in sich fühlt. Zweifellos ist diese Schwellung recht harmlos, verglichen mit den Schmerzen bei einer Verbrennung, bei Zahnweh. Aber mochten die Schmerzen nun von einem Unfall oder von einer Krankheit herrühren, sie waren immer etwas Abnormes. In der jungen Brust dagegen sitzt irgendein dumpfer Groll. Irgend etwas geht da vor sich, was keine Krankheit, was mit dem Gesetz der Existenz irgendwie verflochten ist, was jedoch Kampf, einen Riß bedeutet. Gewiß ist das Mädchen von der Geburt an bis zur Pubertät gewachsen, aber es hat das Wachsen nie empfunden. Tag für Tag war ihm sein Körper gegenwärtig wie etwas Bestimmtes, Abgeschlossenes. Jetzt ›formt‹ es sich. Selbst das Wort flößt ihm Schrecken ein.

Die Lebenserscheinungen haben nur etwas Beruhigendes, wenn sie ein Gleichgewicht gefunden und den fertigen Anblick einer frischen Blume, eines Tieres angenommen haben, das sich geputzt hat. Aber in den Knospen seiner Brust empfindet das Mädchen den Doppelsinn des Wortes: Lebendig. Sie ist nicht Gold und nicht Diamant, sondern ein seltsamer, in Bewegung begriffener, ungewisser Stoff, in dessen Innern sich unsaubere, alchimistische Verwandlungen abspielen. Sie ist an ein Kopfhaar gewöhnt, das sich mit der Ruhe eines Seidenstrangs entwickelt. Aber dieses neue Sprießen in den Achselhöhlen, unten am Leib verwandelt sie in ein Tier oder in eine Alge. Sie mag mehr oder weniger aufgeklärt sein, sie ahnt in diesen Veränderungen eine

Zweckbestimmung, die sie ihr selbst entreißt. Nun wird sie in einen Lebenswirbel geschleudert, der den Augenblick ihrer eigenen Existenz überflutet, sie ahnt eine Abhängigkeit, die sie dem Mann, dem Kind, dem Grab zuführt.

An sich erscheinen die Brüste als eine unnütze, indiskrete Sprossung. Arme, Beine, Haut, Muskeln, selbst die runden Hüften, auf die man sich setzt, alles hatte bisher seinen deutlichen Verwendungszweck. Allein das Geschlechtsteil, das sie als Harnorgan ansah, hatte etwas Zweideutiges, jedoch Verborgenes, für andere Unsichtbares an sich. Unter dem Pullover, unter der Bluse schwellen die Brüste, und dieser Körper, den das kleine Mädchen mit sich identifizierte, erscheint ihm fremd, als ein Gegenstand, den andere betrachten und sehen«, schreibt Simone de Beauvoir[60].

Die Tochter sieht es selbst und kann dem Wissen um ihren Körper jetzt nicht mehr ausweichen. Aber ob dieser sein bedrohliches Geheimnis behält und »fremd« bleibt, oder ob er »natürlich« angenommen wird, das entscheidet sich hier.

Wie sie mit ihrer pubertären »Entwicklung« fertig wird, ist nicht zuletzt davon abhängig, ob sie die (unbewußten) Fäden ihrer kindlichen Reifungsprozesse wiederaufnehmen und mit den neuen Erfahrungen zu einem tragfähigen Netz verknüpfen kann.

Der jetzt einsetzende »Triebschub« erinnert an die noch ungesteuerten, mächtigen libidinösen und aggressiven Kräfte der analen und ödipalen Zeit. Es gibt allerdings einen gravierenden Unterschied: mehr denn je ist der Körper an diesen Gefühlen beteiligt. Seine genitale Reifung beeinflußt inzwischen auch den Wunsch nach Zuneigung und Zärtlichkeit. Anders formuliert könnte man sagen, die Mädchenfrau beginnt, noch undeutlich zwar, aber immerhin, sich nach körperlicher Liebe zu sehnen. Sie möchte mit dem gleichaltrigen Jungen vorsichtige Blicke tauschen, verstohlene Berührungen spüren, im Fangen oder Raufen versteckt. Und wenn sie mutig ist, riskiert sie einen schnellen Kuß bei irgendeinem Spiel. Sie schreibt Tagebuch und Briefchen, telefoniert lange und weiß selbst noch nicht so recht, wo's lang geht. Außerdem liest sie alle möglichen informationsträchtigen Werke, über »Bravo« bis zum »Lexikon des Körpers«, und kennt sich trotzdem nicht aus. Wie sollte sie auch?

»Es muß gesagt werden, daß selbst eine systematische Aufklärung das Problem nicht lösen würde. Trotz allen guten Willens von Eltern und Lehrern läßt sich die erotische Erfahrung nicht in Worte und Begriffe kleiden«, schreibt Simone de Beauvoir. Und weil sie eine Dichterin ist, möchte ich sie weiter zitieren: »Nur durch das Erlebnis läßt sie [die erotische Erfahrung] sich begreifen. Jede begriffliche Zergliederung, mag sie noch so ernsthaft sein, hat etwas Komisches an sich und vermag nicht, mit der Wirklichkeit bekannt zu machen. Fängt man mit der poetischen Liebe der Blumen, der Hochzeit der Fische an, geht zum jungen Huhn, der Katze, der jungen Ziege über und steigt schließlich zum Menschengeschlecht auf, dann mag man wohl theoretisch das Mysterium der Fortpflanzung aufklären.

Aber das Geheimnis der Wollust und Geschlechtsliebe bleibt immer noch bestehen. Wie soll man einem Kind mit ruhigem Blut die Wonne einer Liebkosung oder eines Kusses erklären?

Im Familienkreis gibt und erhält es Küsse, manchmal auch auf den Mund. Warum erregt in gewissen Fällen diese Berührung der Schleimhäute ein Schwindelgefühl? Das hieße einem Blinden Farben beschreiben. Solange die Erregung und die Begierde, die der erotischen Funktion Sinn und Einheit verleihen, nicht unmittelbar erfaßt werden, wirken ihre verschiedenen Einzelheiten verletzend, ungeheuerlich. Insbesondere empört sich das kleine Mädchen, wenn es begreift, daß es Jungfrau und versiegelt ist, daß es vom männlichen Geschlechtsteil perforiert werden muß, damit es zur Frau wird.

Da der Exhibitionismus eine weit verbreitete Perversität ist, haben viele kleine Mädchen einen Penis in Erektion gesehen. Auf jeden Fall haben sie Geschlechtsteile bei Tieren beobachtet, und bedauerlicherweise fällt ihnen ein solcher beim Pferd so oft in die Augen. Es ist begreiflich, daß sie davon entsetzt sind. Angst vor der Niederkunft, Angst vor dem männlichen Geschlechtsteil, Angst vor den ›Anfällen‹ (Koitus), die Verheirateten drohen, Ekel vor schmutzigen Praktiken, Spott über Gesten, die völlig sinnlos erscheinen, all das bringt das kleine Mädchen oft so weit, daß es erklärt: ›Ich heirate nie‹. Das ist die sicherste Abwehr gegen Schmerz, Verrücktheit und Obszönität.[61] (Simone de Beauvoir hat übrigens nie geheiratet, trotz ihrer großen Liebe zu Sartre).

Können wir jetzt vielleicht besser verstehen, daß ein junges Mädchen am liebsten wünschte, ihr Wachstum solle einfach mal stehenbleiben, damit sie verschnaufen und sich noch gründlicher vorbereiten kann auf alles, was kommt? Manche Jugendliche will nicht nur einhalten, sondern alles total verhindern und sich diesem unüberschaubaren Körpergeschehen keinesfalls ausliefern. Sie wird als erstes *den* sinnlichen Genuß streichen, der ihr als solcher gar nicht bewußt ist: das Essen. Nach und nach wird sie jede andere Freude, jede »Lust« zu vermeiden suchen, die nur entfernt an körperlichen Ver-lust (Ausscheidung, Menstruation oder Schwangerschaft) erinnert.

Schließlich kann ja auch keiner vorher sagen, wie dieser Leib sich entwickeln wird, *wie* rund seine Formen werden, ob die Brüste eher groß oder eher klein ausfallen, und was das mit diesen »Tagen« auf sich hat.

Wir sind jetzt bei einem Thema angelangt, das in den meisten Familien tabu ist: »Darüber spricht man nicht«, schon gar nicht mit dem Vater. Der meint zu seinen Frauen »muß das jetzt sein? Könnt ihr das nicht unter euch ausmachen?« und weist unter Umständen darauf hin, daß die zu dieser Periode gehörenden Utensilien ordentlich verpackt an einem wenig sichtbaren Ort im Bad aufgehoben werden sollen. Es ist ihm unangenehm, falls er je gebeten wird, Watte, Binden oder Tampons einzukaufen, überhaupt an die Tatsache einer blutenden Frau erinnert zu werden. Es gibt Männer, die ihre Frauen während jenes Zyklus nicht berühren, denn ihre »Küsse schmecken nach Blut«.

Andererseits aber heißt es oft: »Du bist so launisch, hast wohl deine Tage« oder ähnlich, weil Frauen während ihrer »Bauch-weh«, »Periode« oder welche der Umschreibungen mehr sind, eben nicht ernst genommen werden.[62]

Vielleicht entsteht daher auch bei der Tochter und späteren

Mutter eine Scheu, mit ihrem Mädchen diese Dinge zu besprechen,[63] und welche Mutter kann schon auf Anhieb genau erklären, was während der Monatsblutung im eigenen Körper vor sich geht? Vermutlich wissen unsere Kinder, die in der Schule Sexualkunde haben, mehr über den weiblichen Körper als ihre Mütter, die Tag und Nacht in ihm wohnen. Das Schulwissen ersetzt aber in keiner Weise die Gespräche mit der Mutter über die »inneren Räume«.

Wir haben in unserer Kultur einen ziemlich großen Abstand hergestellt zu solchen Innenräumen mit ihren tiefen und beängstigenden Inhalten; wir verpacken die Geschichte hygienisch, »wisch und weg«. Dennoch wirkt die im Unbewußten lebendige Furcht in unseren Träumen, Phantasien und Märchen (Dornröschen zum Beispiel).

Die größten Ängste vor dem Körper der Frau hängen wohl mit der Menstruation zusammen. Eine archaische Furcht vor dem »unreinen« Blut und entsprechende Abwehr-Riten, die Verbannung der Frau in ein »Menstruationshaus« während ihrer »Tage« können wir bei primitiven Volksstämmen noch beobachten.[64] Aber auch auf unseren, dem Verständnis etwas näheren Breitengraden ist es noch gar nicht so lange her, daß die menstruierende Frau lieber nicht zum Buttern in der Milchkammer erscheinen sollte, weil sonst die Sahne geronnen wäre.[65]

Ich schreibe dies, um die mehr oder weniger spürbare Angst nachzuvollziehen, die Frauen selbst, Männer und vor allem manche jungen Mädchen vor jenem monatlichen Geschehen haben. Denn »Mädchen können nicht umhin, durch die männliche Scheu vor der Menstruation tief beeindruckt zu sein. Wenn ein Ereignis dem einen Teil der Bevölkerung tabu und unheimlich vorkommt, fängt bald der andere Teil an, sich darüber zu wundern, selbst wenn er es zuerst als gegeben hinnahm. Es kann so enden, daß es keine Rolle mehr spielt, wer zuerst mit Furcht reagierte«.[66] Bettelheim spricht hier zwar über die Cuna-Indianer (im Zusammenhang mit weiblichen Pubertätsriten), aber ich glaube, wir können diese Aussage dennoch auf unsere Kultur übertragen.

So vermitteln Mann und Frau sich gegenseitig diese Scheu oder gar Furcht; jeder hat dadurch den Gewinn der Vorstellung, *seine* Geschlechtsorgane seien die in Wirklichkeit »besseren« oder »wichtigeren«, und im Grunde vermeiden beide, ihren gegenseitigen Neid zu bemerken. (Letzterer stammt ja, wie bereits erwähnt, aus früheren Phasen der kindlichen Entwicklung). Es besteht wohl kein Zweifel darüber, daß in unserer Gesellschaft ein Ungleichgewicht herrscht zwischen der symbolischen Bedeutung des Penis gegenüber der Vagina: »Der Phallus, als sicht- und anfaßbares Organ, stellt in unserer Gesellschaft die sichtbare und leicht faßbare Macht und Vorherrschaft des Männlichen dar«[67], während die Vagina eben ein verstecktes Organ ist und als solches die Rolle der Frau symbolträchtig beeinflußt.

Auf diese, unbewußte Weise bringt das Hungern fast doppelten Gewinn: Nicht allein wird die weibliche Entwicklung unterbunden, sondern es kann die Illusion entstehen oder aufrechterhalten werden, einen männlichen Körper zu besitzen.

Vielleicht ist es bedauerlich, daß es bei uns keine Pubertäts- bzw. Initiationsriten und damit keine öffentliche gekennzeichnete Schwelle für den Übergang von der Kindheit in die frühe Erwachsenenwelt gibt. Die religiöse Sitte der Konfirmation erinnert an ein solches Ritual und mag tatsächlich noch ein Relikt der Einführung ins Erwachsenenleben sein. Ein vergleichbarer Brauch heute würde die Vorbereitung darauf erfordern und die Verarbeitung der zwangsläufig auftauchenden Pubertätsprobleme eventuell erleichtern.

Wenn ich jetzt weiterhin nur die Entwicklung des jungen Mädchens betrachte und die ihres Bruders außer acht lasse, so deshalb, weil ihre psychische Reifung ungleich mehr mit der körperlichen verknüpft ist als die seine. Davon abgesehen, reagieren eben prozentual von 100 Leuten 95 Frauen mit Eßstörungen und nur 5 Männer.[68]

Nachdem diese Reaktion oft während der Pubertät einsetzt, ist es interessant zu erforschen, was hier eigentlich passiert. Erikson beschreibt dieses Kapitel mit »Identität gegen Identitätsdiffusion« und meint, »in der Pubertät werden alle Sicherungen, auf die man sich früher verlassen konnte, erneut in Frage gestellt . . .«.[69]

Es handelt sich jetzt um Interessen und Ziele außerhalb des häuslichen oder schulischen Bereichs, vor allem um die soziale Rolle, um die Anerkennung von seiten der Altersgenossen, meßbar an Freundschaften, Einladungen, Flirts. Dabei ist plötzlich das Aussehen unheimlich wichtig. Der Wunsch, als Gleiche aufgenommen zu werden, dazuzugehören und doch als »Besondere« sich zu unterscheiden, beeinflußt mehr denn je Kleidung, Gesten, Sprache. Unsere Tochter steht lange vor dem Spiegel und übt. Sie versucht ihr Bild einzuschätzen, prüft die Wirkung auf andere – und ist sich gar nicht sicher. Das darf natürlich keiner merken.

An dieser Stelle verbinden sich die in der Kindheit gesammelten Erfahrungen über sich selbst und die anderen, die Ideal-, Sinn- und Wertvorstellungen zu einem Ganzen, nämlich zu einem (relativ) einheitlichen Bild der eigenen Person – der eigenen Identität – wenn's gut geht.

Im Verlauf dieses Prozesses aber kann die Mädchenfrau die körperlichen Veränderungen und die damit verbundenen Gefühlsschwankungen kaum bewältigen – und ihre Umwelt hat es auch schwer mit ihr. Einmal »himmelhoch jauchzend« ist sie gleich wieder »zu Tode betrübt«, einmal folgt sie einem unbändigen Tatendrang und Erlebnishunger, dann wieder zieht sie sich gelangweilt zurück, will trotzig alleine sein oder traurig leiden, niemanden sehen.

Einmal verliebt sie sich unsterblich, dann findet sie alle Leute gleichermaßen blöde. Selbst oft sehr grob und rücksichtslos in ihren Äußerungen, bricht sie bei der geringsten Kritik zusammen und bezweifelt ihre gesamte Person. Auf der einen Seite recht egoistisch, materialistisch eingestellt und daheim oft wenig hilfsbereit, entwickelt sie idealistische, weltverbessernde Ideen und kann sich auch in deren Verwirklichung stürzen, um genauso vehement das ganze Projekt wieder fallenzulassen. – So ist einerseits das ganze Interesse auf die eigene Person konzentriert, andererseits aber bringt das junge Mädchen die größten Opfer, wenn es meint, daß »muß sein« und sich für eine solche Notwendigkeit begeistert.

Diese Bereitschaft zur fraglosen Hingabe durchzieht auch ihre Freundschaften. Sie neigt dazu, sich sehr eng an eine Freundin zu binden, sich an dieser zu orientieren oder eine Lehrerin zu bewundern, wenn sie nicht völlig von der Liebe zu einem Jungen besetzt ist.

Gleichzeitig kämpft sie mit trotziger Auflehnung gegen vermeintliche oder tatsächliche Einschränkungen der Eltern, wehrt sich gegen jede Autoriät und Fremdbestimmung, will selbst das Sagen haben.[70] Ähnlich wie während der ödipalen Phase brechen nun wieder rivalisierende Kämpfe zwischen Mutter und Tochter auf, der Vater als der Dritte und Mann erhält neue, andere Bedeutung. Wie damals, nur inzwischen wesentlich kritischer, beschäftigt sich die Tochter mit der sexuellen Identität ihrer Eltern, hinterfragt das weibliche Rollenverständnis ihrer Mutter und will sich von ihrem Einfluß mehr oder weniger abrupt lösen. Sie möchte von ihrem Vater als junge Frau wahrgenommen und bestätigt werden, obwohl sie jetzt einen größeren Abstand zu ihm braucht.

All diese widerstreitenden Forderungen und gegensätzlichen Gefühle stiften ziemliche Verwirrung bei unserer Jugendlichen, und es gilt wie früher, diese stürmischen libidinösen und aggressiven Triebregungen irgendwie zu steuern, damit diese das Ich nicht einfach überschwemmen und sämtliche Abwehrdämme einreißen, was zu einer Identitäts-Verwirrung führen würde.

Wenn das junge Mädchen inzwischen zu einer Person herangewachsen ist, die sich auf ihre »psychische Geburt des Selbst« stützen kann, wird ihr Ich unter einem solchen Ansturm nicht zusammenbrechen. Aber abhängig davon, welche Maschen (der oralen, analen oder ödipalen Stufe beispielsweise) in ihrem Netz nur schwach verknüpft sind, wird sie Einbrüche dementsprechend abwehren.

Bewältigungsversuche

Es wäre denkbar, daß sie sich über alle Probleme mit einem eher »falsches Selbst«-Bewußtsein hinwegsetzt wie ein Gipfelstürmer, der Schlechtwetterprognosen in den Wind schlägt (und dann triumphierend »recht« behält, wenn er's trotzdem alleine schafft, nachdem die andern abgesprungen sind).

Sie könnte sich aber auch mutlos, kindlich verhalten, ängstlich zur inneren Mutter zurückkehren, sich nichts zutrauen und oft ohne ersichtlichen Grund traurig sein.

Vielleicht fängt sie an zu essen, als Trost, aus Lust. Oder sie meint, Kontrolle zu verlieren über ihr Leben, sich selbst, ihren Körper. Dann wird sie lieber überhaupt nichts mehr essen. Dazu könnte sie Hemmungen entwickeln, Zwänge wie die zur übertriebenen Sauberkeit und extremen Ordnung, zum übermäßigen Lernen oder einen ständigen Bewegungsdrang – um unter den vielen Möglichkeiten jene zu nennen, die wir schon kennen.

Es gibt darunter aber noch eine andere: Hier würde die Jugendliche nie auffallen, nach außen. Hübsch und altersgemäß heranwachsend würde sie an allem interessiert und hilfsbereit sein, Freundschaften pflegen, in der Schule bestens mitkommen, nie Nein sagen. Nur gelegentlich, zu sich selbst, heimlich. Dann nämlich, wenn sie – alleine, unbemerkt – jede Menge Essen in sich hineingeschlungen hat, das sie auf keinen Fall verdauen will. Erst dann ist ihr Nein rigoros; sie spuckt alles wieder aus.

Über diesen Bereich wenigstens kann die Mädchenfrau selbst bestimmen, keiner redet ihr rein und weiß es besser. Welch ein bitteres Geheimnis! Bald wird es seinen Schatten auf alle Bereiche ihres Lebens werfen, die vorher unbelastet und »leicht« waren. Die Angst vor der »Leere« wird genauso mächtig anschwellen wie der sich vervielfältigende Wunsch, diese Leere immer wieder herzustellen. Nichts wird die eßgestörte Jugendliche mehr »ekeln« als ihr »voller Bauch«. Nichts wird sie mehr fürchten als die Entleerung ihrer Zeit, ihres Lebens, die vermeintliche Sinnlosigkeit ihres Seins.

Nein, ihre Struktur wird nicht völlig zusammenbrechen, denn sie hat gute Erfahrungen in sich aufgenommen, als sie Kind war. Sie ist liebgehabt und eventuell mehr als ausreichend genährt worden, soweit wir das rekonstruieren können. Sie war beileibe kein verwahrlostes, sondern im Gegenteil, ein verwöhntes kleines Mädchen.

Und die Tochter hat es der Mutter auch gedankt, denn sie ist fleißig und hübsch geworden, ein richtiger Augapfel. Nur hat sie es damit geschafft, im Brav-Sein so manches Hindernis zu vermeiden, das sie vielleicht frustriert, aber auch geformt hätte. Ihr Weg ist glatt verlaufen, sie ist nie angeeckt, kaum gestolpert und mußte auch keine hohen Hindernisse überwinden. Kein Wunder also, daß sie so wenig über sich selbst weiß, weder über ihre eigenen weiblichen Innenräume und körperlichen Außengrenzen, noch über die der Mutter. Denn weil alles so unkompliziert und erfreulich vonstatten ging, gab es auch keine Fragen. Deshalb meint die Tochter jetzt, in der Pubertät, *in* ihr sei nicht viel und *an* ihr auch nicht. So geschieht es, daß sie ihrem Äußern mehr Bedeutung beimißt als der Gesamtheit ihrer Person, denn ihre Erscheinung kann sie im Spiegel sehen, ihr Wesen nicht.

Sie hat sich früher zwar in den Augen der Mutter reflektieren können und den Glanz zurückbekommen, den sie ausgestrahlt hat, aber irgendwie sind in dieser Helligkeit die Konturen verwischt, und jetzt, in der Pubertät, kennt sie weder ihre innere Dimension, noch kann sie ihren Körper realitätsgerecht einschätzen. Wenn sie ihn im Spiegel sieht, findet sie ihn zu dick.

Aber eines weiß sie: das perfekte Kind will eine perfekte Jugendliche und eine perfekte Frau werden. Der Versuchung, einem künstlichen Frauen-Ideal nachzueifern, kann man in diesem Alter wirklich erliegen, nachdem es einem von jedem Zeitungskiosk, jedem Plakat mehrfach und von diversen Schokoladenpackungen einfach entgegenlächelt. So heißt das neue Ziel: Ätherisch werden wie sie, die dünne Superfrau der Werbung. Um Eriksons Zitat etwas abzuwandeln: »Identifikation geht vor Identität«. Verpackung geht vor Inhalt.

Nun könnte es passieren, daß sie, die vor lauter Gut-Sein gar nicht weiter aufgefallen ist (nach einer Weile gewöhnt sich alle Welt ans Gut-Sein, und wir sehen die viel zu guten Kinder erst in der Praxis, wenn Schluß damit ist), bisher keine bedeutenden Blicke auf sich gelenkt hat, außer denen der Mutter.

Und wenn jetzt plötzlich jemand genauer hinschaut, dann erschrickt sie. Das kann auch der Vater oder der Bruder sein, denen die attraktive Tochter oder Schwester angenehm ins Auge fällt und die das entsprechend witzig kommentieren. Aber es kann auch ein Schulkamerad sein oder jemand Fremder, der pfeift. Sie schämt sich, fühlt sich bloßgestellt, sie kommt sich scheußlich vor, sie meint, ihr Gegenüber könne sie durch-schauen, womit wir beim Inhalt dieses Vorgangs wären.

Der Blick hat auch eine erotische, im weitesten Sinn sexuelle Komponente, die den ganzen Körper umfaßt und »berührt«. Das macht begreiflicherweise Angst. Manche Mädchen erröten, was man früher sogar »schicklich« fand. Heute wird es als außerordentlich peinlich und beschämend erlebt; und wenn eine (un-) passende Bemerkung diesen Augen-Blick begleitet, kann das der Auslöser einer bulimischen Symptomatik sein, von der wir gerade sprechen.

Christiane Olivier vertritt die Ansicht, Frauen seien überhaupt nicht auf diesen Blick vorbereitet, weil sie so lange im Glauben lebten, sie hätten »nichts« und ganz plötzlich mit Busen, Rundungen und Menstruation eher »zu viel« haben, ohne sich wirklich darauf vorbereiten zu können.

Andererseits seien Frauen aber gerade deshalb so stark auf Bestätigung angewiesen, weil sie »nicht genug« Spiegelung bekommen haben, vom Mann-Vater. Der Teufelskreis beginnt. Entweder Leere oder Fülle. Entweder Zuviel oder Zuwenig. Entweder Alles oder Nichts. Letztendlich in manchen Fällen entweder Leben oder Tod.

3 Dick, faul und gefräßig?

Eine Bestandsaufnahme zur Adipositas

> Lady in Black
> Lady sitzt vor Backrezepten
> Back ruhig, Lady
> Iß ruhig, Lady
> Und dann trägst du Schwarz
> Weil Schwarz schlank macht . . .
>
> *(Schlagertext)*

Und was heißt Fett-Sucht?

Freßsucht, Adipositas, Fettsucht, Obesitas, Hyperorexie: Hinter diesen häßlichen Bezeichnungen verbirgt sich die Leidensgeschichte dicker Kinder, Jugendlicher und Erwachsener, die das »Idealgewicht« aus welchen Gründen auch immer um 10 bis 40 Prozent überschritten haben. Obwohl der Begriff Fettsucht zugleich Freßsucht assoziieren läßt, liegen die Dinge gar nicht so einfach. Es gibt unterschiedliche Formen von Adipositas, und diese sind bisher anscheinend nur wenig differenziert worden. Korpulenz allein läßt keineswegs auf »Freßsucht« rückschließen, auch wenn uns gewisse Vorurteile das so eingeben.

»Gerade im Kindesalter ist eine Gewichtszunahme nicht unbedingt mit einer Fettgewebszunahme gleichzusetzen. Ein Übergewicht kann zum Beispiel durch eine starke Skelettentwicklung oder durch eine ausgeprägte Muskulatur zustandekommen.«[1] Und: »Übergewicht ist ein Gewicht, das über dem Durchschnitt liegt; Überernährung oder Adipositas dagegen eine übermäßige Anlagerung von Körperfett.«[2]

Amerikanische Ärzte kritisieren zurecht, Adipositas allein nach

Gewicht zu diagnostizieren oder gar nach Augenschein, wie es einige Autoren empfehlen.[3]

Überflüssiges Fettgewebe mißt man neben anderen, sehr aufwendigen Verfahren mit einem sogenannten Caliper-Meßinstrument oder per Ultraschalltomographie an der »Hautfettfaltendicke«. Die Ergebnisse solcher Messungen in Europa und den U.S.A. fallen ziemlich ähnlich aus: Etwa jedes vierte Kind ist überernährt und wird vermutlich auch zu einem dicken Erwachsenen heranwachsen.

Was heißt nun Überernährung? Also doch Freßsucht? Es sei unbestritten, daß unter den Adipösen auch manche freßsüchtig sind. Grundsätzlich jedoch bildet sich hier schnell ein Vorurteil, denn: »Mit Fettsucht bezeichnet man abnorme Gewichtszunahme als Symptom einer gestörten Energiebilanz, die auf übermäßige Kalorienaufnahme zurückgeht«.[4] Der Kalorienüberschuß ist aber nicht unbedingt, wie häufig angenommen, ein Ergebnis von Völlerei, sondern die Konsequenz aus mangelndem Energieabbau bei normaler Ernährung.

Bei dicken Menschen besteht ein Ungleichgewicht zwischen Nahrungsaufnahme und der Verwertung solcher Energie. Adipöse essen – wie sie selbst immer wieder umsonst versichern – meist nicht mehr als Normalgewichtige, verbrauchen jedoch weniger Kalorien oder verarbeiten diese nur teilweise. Dies hat aber nichts mit »Drüsenstörungen« zu tun.

Der Ernährungswissenschaftler Pudel meint, bei manchen Menschen habe sich eine Störung der Hunger-, Appetit- und Sättigungsgefühle entwickelt, so daß diese Sensationen nicht mehr mit dem Energiebedarf des Organismus übereinstimmen. Hier unterscheidet er sich nicht von den Ansichten anderer Autoren; besonders Hilde Bruch wies ja auf die Diskrepanz zwischen der inneren und äußeren Reizwahrnehmungsfähigkeit eßgestörter (nicht nur adipöser) Menschen hin. Ihr fiel das verzerrte Körperselbstbild ihrer Patientinnen auf, die mangelnde positive Besetzung des Leibes als Teil der eigenen Person. Sie sah den Ursprung des gestörten Eßverhaltens in einem verkümmerten Körpererleben. Die Fremdheit dem eigenen Körper gegenüber hielt sie für ein Resultat »falscher« Antworten auf die vom Baby signalisierten Bedürfnisse; falls beispielsweise die Mutter Bauchweh-Schreien ihres Säuglings als Hunger interpretierte und mit Nahrung zu beruhigen versuchte oder umgekehrt.

Selber schuld?

Auch wenn die Fachleute nach jahrelangen Experimenten im Eßlabor mit Ratten, Murmeltieren und Menschen viele widersprüchliche Ergebnisse melden, so scheinen sie sich doch über gewisse Gemeinsamkeiten ihrer Versuchspersonen einig zu sein: Sie beobachten bei adipösen Erwachsenen einen erniedrigten Grundumsatz (einfach ausgedrückt: unzureichende Kalorienverwertung) neben ausgeprägter Antriebs- und Bewegungsarmut. Dicke Kinder aber sind noch genauso aktiv wie ihre normalgewichtigen Altersgenossen. Inaktivität, im Volksmund als »dick, faul und gefräßig« bekannt, gehört wohl zu den Folgeerscheinungen der Obesitas und nicht zu den Auslösern.[5]

Freßsucht, Fettsucht oder Hyperphagie (Vielfresserei) sind abwertende Begriffe und enthalten eine uns allen eigene, mehr oder weniger negative Sichtweise adipösen Menschen gegenüber, die diese sogar noch mit uns teilen! So ist es kein Wunder, daß Leute, die nicht wesentlich mehr essen als andere, aber dicker und vielleicht von Geburt oder Mutterleib an »bessere Futterverwerter« sind, plötzlich mit absurden Diäten beginnen.[6] Sie geraten so in einen hoffnungslosen Kreislauf von Ab- und Zunehmen, Hungern und Schlemmen, der ihrer Gesundheit mehr schadet als überflüssiges Fettgewebe. Vielleicht resultieren daher manche Risikofaktoren in Hinsicht auf Krankheit oder Sterblichkeit, die man Dicken nachzuweisen versucht – aber es ist keinesfalls entschieden, was schädlicher ist: Rauchen oder Dicksein.

Sollte es einem adipösen Menschen gelingen, trotz aller negativer Einwirkungen von außen sein normales Eßverhalten aufrechtzuerhalten und zu akzeptieren, daß er aufgrund erblicher und anderer Faktoren nun mal nicht stromlinienförmig ausgefallen ist, dann gehört er, den neuesten Erkenntnissen nach, nicht (mehr) zu einem »Risikopatienten« und muß schon gar nicht eßgestört sein.

Handelt es sich bei diesem Menschen um eine Frau, wird sie aber aller Wahrscheinlichkeit nach unter dem in unserer Gesellschaft herrschenden Diät-Wahn leiden müssen. Denn selbst wenn sie ihre Figur so läßt wie gehabt, stößt sie doch ständig auf offene oder unterschwellige Kritik anderer, die kollektiv einer einzigen Idealfigurvorstellung nachjagen und sogar bereit sind, dafür ihre Gesundheit schwer zu schädigen.

Die Angst vor dem Dicksein oder -werden verbindet Millionen von Frauen und verstärkt sich, je mehr das Durchschnittsgewicht der weiblichen Bevölkerung ansteigt. Während in den sechziger Jahren der Unterschied zwischen Idealfigur (Twiggy, eindeutig magersüchtig) und Realgewicht der Frauen nicht so weit auseinanderklaffte, vergrößerte sich in letzter Zeit der Abstand zwischen Realität und dürrer Leitfigur beträchtlich. Im Gegensatz zur flachbrüstigen Kindfrau von damals mag man heute – in Maßen natürlich – weibliche Formen. Das bedeutet: die Idealfrau zeigt sich jetzt gertenschlank mit wohlgeformten Brüsten, cool-sexy, gepflegt, sportlich trainiert, jung, natürlich ... und so weiter. Nur die wenigsten Frauen entsprechen dieser Illustrierten-Vorstellung. Ganz im Gegenteil.

Falls die Statistiken stimmen, überschreiten 35 Prozent unserer Bürger ab ihrem 14. Lebensjahr des BROCA-Referenzgewicht. Dieses errechnet sich aus der Körpergröße minus 100; (fürs Normal- oder Idealgewicht zieht man davon noch 10 bis 15 Prozent ab, wenn man kleiner ist als der Durchschnitt, bzw. zählt 10 bis 15 Prozent dazu, wenn man größer ist).

Erstaunlicherweise gilt dieser Richtwert nach wie vor, obwohl er auf einer in Frankreich durchgeführten Untersuchung des letzten Jahrhunderts basiert. Damals nämlich wog und vermaß ein Herr Broca alle Männer, um das Militär aufzustocken. Die Ergebnisse wurden auf die Gesamtbevölkerung übertragen und bilden heute noch, etwas abgewandelt, den Grundstock sämtlicher Gewichtstabellen.

Deshalb schreibt Pudel zurecht: »Die Forderung nach Idealgewicht erscheint sozialmedizinisch nicht mehr begründet. Sie ist in der Regel auch unrealistisch.«[7] Seinen Untersuchungen zufolge überspringt zwar jeder dritte Bundesbürger die Normalgewichtsgrenze, aber nur jeder achte um mehr als 25 Prozent. Wäre es hier nicht angebracht, die Gewichtstabelle zu ändern statt den Bürger?

Aber es scheint, als hätten die Dicken in unserer Gesellschaft eine ganz bestimmte Funktion: Wir assoziieren mit ihnen die an uns nicht sonderlich geschätzten Eigenschaften und lehnen sie bei ihnen vehement ab. Vor allem runde Frauen unterliegen negativen Zuschreibungen, bei Männern sind wir etwas toleranter – wie manch gewichtiger Politiker beweist. Dicke Frauen dagegen seien an ihrem Umfang »selber schuld« und weiter wird ihnen unterschoben, sie verhielten sich sorglos, sinnlich, gierig; sie zeigten keine Selbstkontrolle, aber Willensschwäche, »und ihre Beteuerungen, daß sie den ganzen Tag kaum etwas essen, werden nicht aus der Diskrepanz zwischen ihren Bedürfnissen und der erreichten Sättigung gesehen, sondern als Lügen und bewußte Täuschung« verstanden.[8] Trotz dieser unerfreulichen Attribute hält man »die Dicken« für stets gut gelaunt, gesellig und humorig! Tatsächlich erinnert das Bestreben, eine »adipöse Persönlichkeit« nachzuweisen, an die populäre Voreingenommenheit, mit der Dicke meist bedacht werden. Es scheint nämlich, als wären sie Mülleimer für alle möglichen emotionalen Aspekte unserer selbst und unserer Kultur.

Ich habe keine Untersuchung darüber gefunden, wie adipöse Frauen selbst ihre weibliche Rolle definieren (den Bulimikerinnen sagt man ja nach, sie wollten die perfekte Frau schlechthin sein), außer der verständlichen Feststellung, daß sie ihren Körper ablehnen und unter ihrer Fettleibigkeit leiden.

Es könnten Isolation und Frustration sein, die diese Menschen leiden macht – und nicht primär die Gewichtsabweichung von irgendeiner Norm. Battegay scheint diese These zu vertiefen,

wenn er sagt: »Die Adinósen haben, wie unsere Befunde ergeben, in der überwiegenden Mehrzahl bereits in ihrer frühen
Kindheit eine emotionale Mangelerfahrung durchgemacht.«[9]

Das schwergewichtige Erbe

Pausbäckige, wohlgenährte Babys erregen noch Wohlgefallen,
erinnern an fröhlich-feiste Engelchen der Barockzeit, vermitteln
das Bild von Gesundheit und lassen nicht zuletzt auf eine gut
sorgende Mutter schließen. Der »Babyspeck« sollte sich aber bis
zur Pubertät »auswachsen«, heißt es. Nun treten die Kinder meist
auch in bezug auf ihre Leibesfülle in die Fußstapfen der Eltern, so
daß Pudel neben einer genetischen auch eine »soziale Vererbbar-
keit« annimmt. Letztere kann »verstanden werden als Ergebnis
eines Lernprozesses innerhalb der Familie, der jahrelang bei
Tisch erneut stimuliert wurde«.[10] Daß sich Eßgewohnheiten
innerhalb einer Familie gleichen, leuchtet ein, ebenso wie Ge-
schmacksvorzüge von der Mutter an die Kinder weitergegeben
werden; meist sind Milch- oder Spinatabneigungen in einer
Familie mehrfach anzutreffen. Die »Eßkultur« in Form von
speziellen Rezepten, aber auch der Art des Tischdeckens und
dem Ritual des Festefeierns, profaner noch, die alltägliche Einstellung Essen gegenüber, »vererbt« die Mutter an ihre Tochter.
Später beeinflussen bestimmte Essensgewohnheiten und -vorlie-
ben vermutlich die Partnerwahl der Tochter, sucht sie sich als
stattliche Frau vielleicht lieber einen Gefährten mit Polstern, und
so bleibt die Leibesfülle in der Familie.
Vorher aber muß besonders die Tochter manche Hürde nehmen,
falls sie mit ihrem Leibesumfang die Altersgenossen sichtbar
überrunden sollte. Zwar spielt im Kindergartenalter Aussehen
nur eine geringe Rolle und werden Freundschaften mit Gleich-
alterigen nicht aufgrund von Schönheit, sondern wegen geschätz-
ter Eigenschaften geschlossen; spätestens in der Schule jedoch
beginnt die Zäsur. Jetzt nämlich geht es um gesellschaftliche

Normvorstellungen: Individuelle Unterschiede in Kleidung, Aussehen, Verhalten, Sprache (Dialekt beispielsweise) und Leistung fallen als andersartig auf, führen bei den Kameraden zu Demütigungen und schlimmstenfalls Ausstoßung. Umfragen zufolge werden dicke Kinder von ihren Altersgenossen als häßlich, dumm, gemein, hinterhältig, schlampig und unehrlich be- bzw. verurteilt, sogar für weniger liebenswert gehalten als geistig- oder körperbehinderte Kinder.[11]

Diana Kempff vermittelt in ihrem Buch »Fettfleck« einen Auszug jener grausamen Quälereien, denen sie selbst als dickes Kind ausgesetzt war: »Ich geh hier in die Schule. Im Schwarzwald. Da muß man erst ewig mit der Bahn fahrn, dann noch ne halbe Stunde zu Fuß. – Im Zug ärgern die mich immer. – Laß sie, sie kann doch nix dafür, innersekretorische Störungen sind das. Fettsau mit sekretärischen Störungen. Haha. – In der Schule tun sie mir nix. Weil Karlheinz mich beschützt. Aber der wohnt in Karlsruhe. Das ist auf ner anderen Strecke. – Kammanixmachn. – Die aus Hirsau haben mich verdroschen. Die zwei sind widerlich. Wenn ich sie nur seh. Mich erwischen sie immer. Die haun einfach los mit ihren Stöcken und Ruten. Gibs der Fettsau, gibs ihr zackig. – Warum wachsen da auch so viele Weiden. – Ich wehr mich schon gar nicht mehr. Ich glaub, das ist so, immer ist einer gemein, und ein anderer muß das dann aushalten. – Trotzdem hab ich Angst vor denen aus Hirsau.«[12]

Vor der Pubertät unterliegen Buben und Mädchen noch den gleichen Beurteilungen, »Fettsau« oder »Dickwanst« sind nicht eindeutig geschlechtsspezifisch definiert. Sobald jedoch die körperliche Entwicklung einsetzt, tauchen andere, die Geschlechter unterscheidende Bemerkungen auf: Mädchen werden mit ihrer »Milchfabrik« oder dem »fetten Arsch« verhöhnt. Wie tief sich solche verächtlichen Zuschreibungen und Spitznamen wie »Dickwade« oder »Miß Piggy« eingraben, beweisen die Berichte der Jugendlichen, die plötzlich jeden Kommentar zu Aussehen oder Figur so negativ einordnen. Es wäre ja denkbar, daß sich die Betroffenen gegen diesen Blödsinn gemeinsam wehrten, aber nein, sie gehen miteinander keineswegs großzügiger um. Solidarisch mit den Angreifern verachten sie die Unzulänglichkeiten ihrer Geschlechtsgenossinnen und schlagen sich lieber auf die selbst-feindliche Seite.

Dieses Verhalten setzt sich fort und macht nicht einmal halt vor Königinnen, Premierministerinnen, geschweige denn vor anderen öffentlichen Personen, die zufällig weiblich sind. Immer wieder werden Aussehen, Figur und Kleidung bekrittelt, mit Haltung, Wissen, Kompetenz verwechselt, was bei Männern keinem einfallen würde. Wer regt sich über geschmacklose Schlipse, langweilige graue Anzüge oder viele Ähs von Politikern auf? Zumindest coram publico niemand. Anders bei Frauen.

Die dünne Frau im Kopf

Bereits in der Schule beäugen und regulieren sich die Mädchen schonungslos. Figur und Aussehen sind nicht etwa Privatsache, sondern Anliegen der Allgemeinheit. Spätestens zu Teenagerzeiten erfolgt eine äußere Normierung, die für manch junges Mädchen zur Leidensgeschichte werden kann. Bestimmte Kleider- und Schuhhersteller sind »in«, wer andere trägt, ist »out«. Wie anfangs gesagt, verfolgen die von Natur aus so unterschiedlichen Mädchen ein ganz einheitliches Idealziel, erwählen deshalb oft ein dieser Standardidee entsprechendes Vorbild, eifern diesem nach und können ihren Perfektionstraum doch nie verwirklichen. Cornelia Edding schreibt zu diesem Thema: »Wenn ich mir überlege, wem ich in meinem Leben die meisten Kommentare zu meiner Figur verdanke, dann heißt die Reihenfolge: 1. mir selbst, 2. anderen Frauen und 3. Männern.« Daß diese Kommentare nicht sonderlich positiv ausfallen, versteht sich von selbst, denn »wir vergleichen uns und unsere Schwestern dauernd mit der dünnen Frau, die wir im Kopf haben – und siehe da, wir sind zu schwer... Wir kommentieren die Körper anderer Frauen am Strand, und manchmal sagen unsere Augen: ist die aber fett, obwohl unser Kopf sagt: so ein Quatsch...«.[13]

Diese Dünne im Kopf richtet manches Unheil an, produziert Mißerfolgs- und Minderwertigkeitsgefühle, läßt Kontakte erst gar nicht zu oder bricht sie ab aus Angst, lähmt die Aktivität – und ist immer hungrig.

Die dürre Madame verlangt bei vielen von uns spätestens in der Pubertät mit strenger, innerer Stimme Enthaltsamkeit und Selbstkasteiung. Sie schimpft mächtig, wenn die irrealen, lustfeindlichen Forderungen nicht eingehalten werden. So könnte der Kreislauf vom eigenen Zurückhalten, Verbieten einsetzen. Auf Kummer und Frustration folgt dann noch der Hunger-Durchbruch, das Überfressen, weil »es ja jetzt sowieso schon egal ist«.

Auf diese Weise wird eventuell eine »Pubertätsfettsucht« begünstigt, die sogenannte hypertrophische Adipositas (Vergrößerung der Fettzellen) im Jugendalter – im Gegensatz zur hereditär vorgezeichneten Neigung zu einer höheren Fettzellenanzahl im Gewebe bei Kindern adipöser Eltern, die sogenannte hyperplastische Adipositas.

In der Umgangssprache heißt dieser Vorgang der plötzlichen Gewichtszunahme ganz einfach »Kummerspeck ansetzen«; er kann unabhängig von Alter, Geschlecht oder sozialem Status bei vielen Menschen beobachtet werden, die plötzlichem Streß ausgesetzt werden, eine geliebte Person verlieren oder sich von zu Hause trennen müssen: »So kann der Austritt aus dem Elternhaus zu Pensionatsfettsucht führen«, formuliert Bräutigam liebenswert altmodisch.[14] Kinder reagieren gelegentlich mit Rieseneßlust auf dauerhafte Verstimmungen und schwierige Situationen, die unveränderbar scheinen, wie etwa die Geburt eines Geschwisters. Essen wirkt als Trost oder ersetzt die geliebte Person, erhält eine Übergangsfunktion, wie ich es anfangs beim Säugling beschrieben habe.

Fasten – Ursache von Übergewicht?
Die Set-Point-Theorie

Die Überlegung, zu welchem Zeitpunkt eine adipöse Entwicklung beginnt, ist einmal von den psychodynamischen Faktoren her wichtig, zum andern aber spielt diese Frage natürlich eine ganz entscheidende Rolle in bezug auf den Therapieansatz. Jemand, der aufgrund seiner genetischen Anlage, also von Geburt an dick ist, kann anscheinend auf Dauer gar keine gravierende Gewichtsabnahme herbeiführen, ohne sich nicht ein Leben lang zu quälen.

Eventuell muß als physiologische Tatsache angesehen werden, daß bestehende Fettzellen sich nicht mehr zurückbilden, sondern höchstens schrumpfen. Zu diesem Thema möchte ich noch einmal Cornelia Edding zitieren, die folgende Forschungsergebnisse des Ehepaars Wooley gut verständlich formuliert hat:

»1) Die Menschen unterscheiden sich erheblich in ihrem Grundumsatz (Kalorienverbrauch, während sie fasten und ruhen). Diese Unterschiede betragen bis zu 500 Kalorien pro Tag.

2) Der Organismus hat die Möglichkeit und die Neigung, sich auf vermehrte Kalorienzufuhr durch die Produktion zusätzlicher Hitze einzustellen und auf diese Weise die überflüssige Nahrung wieder loszuwerden. (Es gibt einige Arbeiten, die darauf hinweisen, daß schlanke Menschen dies besser vermögen als dicke, daß also gerade der Organismus, der es am wenigsten braucht, die überflüssigen Kalorien am besten speichert.)

3) Der menschliche Organismus neigt dazu, die Verbrennung von Kalorien einzuschränken, wenn das Essen knapp wird. Nicht nur der Grundumsatz sinkt, sondern auch die für die Erfüllung bestimmter Aufgaben notwendige Kalorienzahl. (Diese zunächst sehr praktische Fähigkeit unseres Körpers macht es verständlich, daß viele Dicke bei einer Diät nach einer Weile nichts mehr abnehmen, obwohl ihnen oft keiner glaubt, daß sie sich tatsächlich an die vorgeschriebene Diät halten.)

4) Wenn nach einer Diät die Kalorienzufuhr wieder steigt (kein Mensch will ja ewig von 1000 Kalorien am Tag leben), dauert es eine Weile, bis der Organismus sein Sparprogramm aufgibt und die normale Verbrennungsmenge wieder erreicht hat. Manche Wissenschaftler sind der Meinung, (. . .) *daß der Körper nach drastischem Fasten nie wieder seine vorherige Verbrennungskapazität erreicht.* (Dieser Vorgang macht die nahezu unausweichliche Gewichtszunahme nach Fastenkuren verständlich. Damit würde aber die wichtigste Behandlungsmethode von Übergewicht – nämlich Fasten – zu einer der wichtigsten Ursache von Übergewicht!)«[15]

Und weiter fragt Cornelia Edding zurecht: »Warum sagt uns das keiner?«

Es wird gesagt, in Fachbüchern für Experten, verschlüsselt in einer mühsam zu entwirrenden Zahlenanhäufung, hinter denen sich meiner Meinunng nach oft unwürdige Versuche verbergen. Die Resultate sind allein auf Erklärung ausgerichtet und lassen kaum Verständnis für die Betroffenen spüren. Jene oben aufgeführten Erkenntnisse stimmen mit manch anderen überein[16], und um allein durch Fasten bleibend Gewicht zu verlieren, müßte die Kalorienaufnahme beständig sehr niedrig gehalten werden. Wie gesundheitsschädigend, sogar lebensgefährlich das ausgehen kann, beweisen uns nicht zuletzt magersüchtige junge Frauen auf drastische Weise.

Ein Ärzteteam um Sours hat in den U.S.A. zu ergründen versucht, warum 17 Menschen starben, die sich länger als fünf Monate von einer nur 300 Kalorien enthaltenden Liquid-Protein-Diät ernährten und damit den Körper zwangen, täglich 2600 Kalorien aus seinen eigenen Ressourcen zuzusetzen, was anscheinend einen »signifikanten Verlust von Körper-Protein« und den Tod dieser Patienten verursachte. Der ersehnte Gewichtsverlust von durchschnittlich 330 Gramm pro Tag war unbezahlbar teuer erkauft![17]

Warum bloß sollen alle Menschen gleich dünn sein? Wozu diese unbalancierten, gesundheitsschädlichen und dazu noch wirkungslosen Fastenkuren, wenn etwa 98 Prozent der Diätler doch wieder zunehmen, ihr Ausgangsgewicht sogar übertreffen?[18]

Hierzu passen die Untersuchungen von Richard Keesey: Auch er geht nämlich davon aus, daß jedes Individuum einen eigenen Gewichts-Richtwert (Set-Point) innehält. Der Körper reguliert Kalorienaufnahme und -verbrauch zuverlässig auf die ihm eigene Weise, falls sein System nicht durch irgendwelche Eingriffe von außen – wie Diäten – aus dem Konzept gebracht und irritiert wird.

Keesey belegt die Ansicht mit zwei Experimenten: Einmal überfütterte er gesunde Versuchspersonen mit der doppelten Menge ihrer sonst üblichen täglichen Kalorienaufnahme, im zweiten Fall bekamen andere Versuchspersonen nur halb so viel zu essen wie gewohnt. Bei ersteren stabilisierte sich das Gewicht um etwa 14 Prozent über dem Ausgangswert; bei den Hungernden pendelte es sich mit etwa 75 Prozent der ursprünglich auf die Waage gebrachten Pfunde ein.[19]

Dieser Beitrag ist insofern von Bedeutung, als noch einmal verständlich wird, warum manche Leute so viel essen können wie sie wollen, und dennoch schlank bleiben, während andere sich immer wieder vergebens bemühen, ein paar Pfunde abzunehmen. »Die Natur hat eben nicht nur Flamingos, sondern auch Flußpferde vorgesehen«, lautet der Kommentar einer korpulenten Zeitgenossin.[20]

Die Fixpunkttheorie scheint die hohe Rückfallquote nach den verschiedenen Diäten schlüssig zu erklären. Weshalb also Gewichtsreduktion, wofür eigentlich – oder wogegen – Therapie?

Zweifelhafte Therapieversuche

Nun gibt es inzwischen auch neue Erkenntnisse über biochemische Zusammenhänge zwischen aufgenommenen Nährwerten und seelischem Befinden[21], die nachdenklich machen und zur Skepsis mahnen gegenüber irgendwelchen irgendwo publizierten Diätanweisungen, vor allem wenn sie »Abnehmen von 20 Pfund in zwei Wochen« garantieren oder ähnlich sensationelle Ergebnisse anbieten: »Die neue Diät macht Schluß mit dem Gefühl, daß Diät eine Strafe ist – macht langfristig jede Diät überflüssig«[22] ...

Alle Diäten basieren auf reduzierter Energieaufnahme. Statt der normalerweise von einer erwachsenen Frau benötigten 1800 werden zwischen 400 und 1200 Kalorien in diversen Fastenkuren verabreicht, dazu erhöhter Energieverbrauch in Form von Bewegung, Fitneß, Sport verordnet, so daß insgesamt ein Energiedefizit entsteht und zwangsläufig Fett abgebaut wird.

Gleichzeitig findet jedoch eine Umstellung des Wärme- und vor allem des Flüssigkeitshaushalts im Körper statt; auf letzterem basieren die anfänglich meist rasch erfolgenden Gewichtsverluste (Laxantien oder harntreibende Mittel senken nur den Wasserpegel, verringern nicht das Fettzellgewebe!).

Aus Wooleys oder Keeseys Untersuchungen, die ich vorher genannt habe, geht jedoch sehr deutlich hervor, daß ein bleibender Gewichtsverlust im Erwachsenenalter nur unter quälender Mühe zu halten ist. Aber im Vergleich mit anderen Torturen, die Frauen ihrer schlanken Linie wegen auf sich nehmen, erscheint ein lebenslanges 1500 Kalorien-Programm täglich noch erfreulich. Hier einige absurde Beispiele:

»Ballon im Bauch« lautet die Schlagzeile einer Frauenzeitschrift, und der Leser erfährt dann: »Nach 2 Jahren Klinik-Test steht fest: die neue Radikalkur funktioniert. 40 Kilo abnehmen in 4 Monaten – und der Hunger bleibt weg. Der Trick: Ein Silikonballon verkleinert den Magen, und der Patient fühlt sich schneller satt.« Professor Willmen meint dazu: »Aber die Patienten müssen mitmachen. Wer weiterfrißt, bleibt dick«.[23]

Es gibt andere Methoden: »Ein Teil des Magens wird chirurgisch abgeklammert. Zur Verdauung bleibt nur eine schmale Röhre von 60 Kubikzentimetern – nicht mehr als drei Schnapsgläser voll. Ergebnis: Man kriegt nur noch Miniportionen herunter.«[24]

Oder wie wär's mit »Schlank für immer durch Hypnose«? Hier wirbt als gutes Beispiel mit Vorher-Nachher-Fotos die englische Lady Sarah: Sie habe »per Hypnose, ohne Quälerei 21 Kilo abgenommen. Auch an ihren Problemzonen: Po und Oberschenkel«. Und Filmstar Brooke Shields »braucht nun keine Filmangebote mehr abzulehnen: Der ehemals schönste Teenager der Welt litt unter der absoluten Dominanz der Mutter; Männer – mit ihnen darf sie nur ausgehen, mehr nicht. So ließ sie sich zur Ersatzbefriedigung durchs Essen verführen ...«, weiß die Autorin.

Ehrenhalber sei gesagt, daß die Verfasserin des Artikels rät, nur einen »seriösen Hypnotiseur« aufzusuchen, lieber die Freundin mitzunehmen und nichts davon zu halten, »wenn der Hypnose-Therapeut während der Behandlung öfter das Zimmer verläßt ... lediglich ein Tonband aufgestellt wird ...« Abschließend konstatiert Frau Professor Kruse, Geschäftsführerin der Deutschen Gesellschaft für ärztliche Hypnose, im selben Artikel: »... Hypnose ist keine Zauberei. Es ist nicht so, daß man nach der Hypnose von der Couch aufsteht und 10 Kilo abgenommen hat. Um das Zielgewicht zu erreichen, muß man schon reduziert essen ...«.[25]

Es läuft eben immer wieder auf das alte Friß-die-Hälfte hinaus. Nach diesem Prinzip versuchen Ärzte ihre Patienten zu kurieren, wenn sie ihnen eine Art Maulkorb einbauen, nämlich das Gebiß verdrahten, so daß nur noch flüssige Nahrung aufgenommen werden kann.[26] Einmal in der Woche werden die Drähte entfernt – nicht etwa zum langersehnten Essen – sondern damit sich die Klienten ihre Zähne gründlich putzen können.

»Fettpolster einfach absaugen«, lautet die Überschrift eines weiteren Artikels in einer deutschen Illustrierten. Ich zitiere: »Seit einiger Zeit gibt es auch bei uns Chirurgen, die gegen Reithosen, Wabbelbauch und Doppelkinn mit der Saugkürette vorgehen ...«.[27]

Damit ist die Liste der möglichen Torturen für Dicke keineswegs beendet. Wem die vorhergenannten, an Folterung erinnernden Verfahren noch nicht genügen, der kann sich einer »Jejunoileal-(Dünndarm-)Bypass-(Umgehungs-)Operation« unterziehen: »Die zum Teil erhebliche körperliche Schädigung ist nicht nur in morphologischer Hinsicht, sondern auch hinsichtlich des Verdauungsprozesses so beträchtlich, daß das Selbstwertgefühl dieser Menschen oft noch weiter geschädigt werden dürfte.«[28]

Gegen derartige operative Eingriffe wirken Spritzenkuren, die Verordnung von Antidepressiva oder Appetitzüglern ja noch vergleichsweise harmlos. Letztere haben sich aber langfristig auch als ineffektiv erwiesen, da sie gravierende Nebenwirkungen hervorrufen und sofort nach dem Absetzen das alte Eßverhalten wieder aufgenommen wird.[29]

Die seelische Last

Jedenfalls wird in keinem der übergriffigen Therapiekonzepte eine der Adipositas vielleicht zugrundeliegende – oder in der Folge entstandene – emotionale Problematik berücksichtigt, geschweige denn gelöst!

Warum muten sich so viele Frauen diese Pein bloß zu? Wahrscheinlich ist jeder Strohhalm recht, der eine Minderung diskriminierter Fülle verspricht. Daß Adipöse eine Befreiung nicht nur aus realer, sondern vor allem aus der psychischen Übergewichtsbelastung geradezu erzwingen wollen, erscheint um so verständlicher, je mehr man sich mit dem stereotypen Image der Dicken und einer entsprechenden Klassifizierung von Mitbürgern beschäftigt.

Pudel nennt aus amerikanischen Untersuchungen folgende Einstellungen gegenüber dicken Leuten:

- »Allgemeine Zurückweisung; Zuschreibung der Verantwortlichkeit für die Konsequenz (Adipöse sind an ihrem Übergewicht selbst schuld).
- Emotionale Fehlanpassung (Adipöse essen als Liebesersatz).
- Zurückweisung intimer Beziehungen (man möchte nicht mit ihnen ausgehen, keinen familiären Kontakt haben, sich nicht in sie verlieben).

– Peinliches Berührtsein (Kontakte mit Adipösen erzeugen Angst, selbst so zu werden).«[30]

Leider haben Dicke selbst dieses negative Bild verinnerlicht. Weil sie nur wenig von sich halten, gehen sie sozialen Kontakten aus dem Weg und verbergen ihre Kränkbarkeit hinter intellektualisierendem oder komödienhaftem Schutzverhalten. Auf diese Weise versuchen sie, den geringen Eigenwert und die erwartete Mindereinschätzung des Gegenübers zu kompensieren.

Kein Wunder, wenn Frauen krankhaft magern oder brechen oder jede Menge Abführmittel schlucken, um bloß nicht dick zu werden! Oder daß Eltern ihren Töchtern Besseres wünschen und Schlechteres herausfordern:

»Jetzt sperren sie mich auch noch in ein Sanatorium. Wegen vegetativer Dystonie und innersekretorischer Störungen. Dünner soll ich werden. Und sonst ist auch alles durcheinander. – Sie haben uns gemacht. Nach ihrem Bild. Zum Vorzeigen oder nicht. – Ich könnte mich zerschrein. Bis nichts mehr von mir übrig ist. Aber das wäre zu leicht«, schreibt Diana Kempff.[31]

Vermutlich geht es vielen Mädchen ähnlich, die sich mit ihrem Gewicht und unseren Vorurteilen plagen müssen.

Unerträgliche Spannungsgefühle verlangen Erlösung, zumindest Ablenkung, und beides bietet das Essen oder Trinken rasch, wie es diese Menschen vielleicht seit ihrer Kindheit gewöhnt sind.

Darauf folgt das übliche schlechte Gewissen, und es entsteht ein schwer zu durchbrechender circulus vitiosus, der mit Frustration beginnt und bei vermehrter Frustration endet.

Viele Menschen reagieren auf Gefühlsspannungen mit erhöhter Nahrungsaufnahme, andere dagegen verweigern jedes Essen, wenn sie sich ärgern, trauern oder Angst haben. Das geht nicht nur Frauen so.

Eine typisch weibliche Abhängigkeit?

Aber es könnte sein, daß Frauen schneller zu einer regressiven Ersatzbefriedigung greifen als Männer. Wahrscheinlich gibt es diese »frauenspezifische Abhängigkeit« von Suchtmitteln wie Alkohol, Tabletten, Rauchen, Essen tatsächlich. Die meisten Frauen definieren sich als abhängig von der Familie, dem Mann und ihren Kindern. Sie fühlen sich abhängig von einer harmonischen Beziehung zu ihnen. Deshalb richten sie auftauchende Aggressionen lieber nicht nach außen, sondern gegen die eigene Person, um die Bindung nicht zu gefährden.

»Die Frau wählt insgesamt passivere Konfliktlösungsstrategien, die ihre Schwierigkeiten nicht lösen und nur ihre reduzierte Weiblichkeitsrolle bestätigen . . . Entsprechend wenden Frauen Enttäuschungen, Hilflosigkeit, Verbitterung und Aggression, körperliche und psychische Erschöpfung, auftretende Schwierigkeiten mehr gegen sich und werten sie als subjektives Versagen, eigene Schwäche und Minderwertigkeit«.[32] Und daher versuchen sie zwangsläufig, auch ihre Bedürfnisse selbst zu stillen und solche nicht etwa nach außen dringen zu lassen. Frauen sind es gewohnt, die anderen zu umsorgen und sich dabei zu vergessen. Entweder haben sie keine Wünsche mehr oder sie stellen diese zurück. Und wenn sie leiden, dann machen sie auch das mit sich selber ab.

Die bei Adipösen beobachtete Eigenschaft der Teilnahmslosigkeit und Antriebsarmut[33] paßt durchaus in das populäre Bild der abhängigen und unselbständigen Frau. Hierin unterscheidet sich die Symptomatik der Adipositas wohl von jener der Anorexie oder Bulimie. Letztere begleiten doch eine gehörige körperliche und geistige Aktivität. Ich denke an den Bewegungsdrang und die hohe Leistungsbereitschaft der Magersüchtigen, an die ausführlichen Einkaufs- und Geheimhaltevorkehrungen ihrer gleichermaßen bestätigungshungrigen, bulimischen Schwester. Das Agieren soll einer zunehmenden Bewegungslosigkeit und »Leere« des eigenen Lebens entgegenwirken. Aber ähneln sich die drei Erscheinungsbilder der jeweiligen Eß- bzw. Hungersucht nicht doch, zumindest in bezug auf ein inneres Zurückweichen?

Trotz der in unseren Augen meist übertriebenen, zwanghaften Bewegungslust der Anorektikerin, dem aktiv angepaßten Verhalten der Bulimikerin und der sogenannten Trägheit der Adipösen sind den betroffenen jungen Frauen einige Grundzüge gemeinsam: Ein Sich-Herausnehmen aus sozialen Kontakten, ein allmähliches Desinteresse an der Umwelt, eine ausschließliche Konzentration auf das Essen und seine Begleitumstände und eine aus dieser einseitigen Gewichtung anwachsende seelische Verarmung. Diese Einsamkeitsqualitäten scheinen »nur« eine Folge der jeweiligen Symptomatik darzustellen; ich sehe aber gerade in der Wahl *dieses* Suchtmittels, nämlich des Essens mit seiner real lebenserhaltenden Funktion, den deutlichen Hinweis auf eine ganz existentielle innere Bedrohung und deren Abwehr. Es geht um (So-)Sein oder Nichtsein, um das Interesse (Dabei-Sein) an der Welt, ein An-greifen des Lebens, um die extreme Polarisierung der ersten beiden Punkte und die damit verbundene Entweder-Oder-Frage, die in der Umkehrung schließlich lautet: Interessiert sich denn jemand für *mich*? Werde *ich* angegriffen? Nicht umsonst tauchen die Eßsymptome in der Pubertät auf, einer Zeit der Ablösung von den Eltern, der Forderung nach Eigenständigkeit, einer Hinwendung zur Außenwelt und vor allem einer Zeit der plötzlich durchbrechenden sexuellen und aggressiven Impulse.

Solche in dieser Phase des Lebens auftauchenden Konflikte über die Nahrung lösen zu wollen, deutet in die Richtung der frühen Mutter-Kind-Abhängigkeit und läßt ein Welt-Urmißtrauen vermuten. Wenn es also um die Basis geht, um die Substanz und entsprechende Verlustängste, fragt die feministische Therapeutin Susan Orbach ihre eßgestörten Patienten – ob dick oder dünn – zurecht, warum sie gerne dick wären? Neben allem Leiden bedeutet Dick-Sein ja Substanzhaben, und Gewicht zu verlieren heißt eben auch, an innerer Gewichtigkeit zu verlieren.[34]

Auch Hilde Bruchs Aussagen sind nicht ganz frei von gewissen Festschreibungen. Dennoch bilden ihre umfassenden Untersuchungen und Veröffentlichungen zu diesem Thema die Basis einer jeden Auseinandersetzung mit Eßstörungen. Ihr Engagement für die betroffenen Kinder und Jugendlichen finde ich sehr beeindruckend und mitreißend.

Die Mütter der adipösen Kinder schildert sie als überfürsorglich und ebenso bestimmend. Sie »verhätscheln« ihre Sprößlinge, machen sie dadurch unselbständig und unfrei. Nun wächst eine Reihe der überernährten Kinder ohne Geschwister auf, und eine so besorgt-perfektionistische Haltung der Mutter wäre durchaus denkbar. In diesem Schutzraum entwickeln sich eher depressiv strukturierte Kinder, die wie ihre Mutter meist »wir« und nur sehr selten »ich« denken.

Ein Mensch mit »depressiver« Charakterstruktur ist nicht einer, der unablässig trauert, sondern jemand, der andere »braucht«, der nicht gut alleine sein kann, der selbst anhänglich und fürsorglich ist. Von seinem Partner (Mutter) erwartet er intensive Nähe, Zuwendung und Direktiven. Er ist kein welterobernder Typ, fürchtet Mißerfolge und hat deshalb Angst vor Unbekanntem. Lieber macht er es sich zu Hause gemütlich – zu Unternehmungen muß er von anderen stimuliert werden, zieht dann aber als sogenannter »Trittbrettfahrer« ganz gerne mit.

Mutter und Kind: Mißverständnisse nicht ausgeschlossen

Meist war die Ernährung bereits übergewichtiges Thema der Babyzeit, sei es, daß die Mütter aus Liebe oder aus Unsicherheit ihren Säugling zu viel fütterten – oder ihn mit Nahrung beruhigten, wenn er ganz andere Bedürfnisse hatte. Zusätzlich kann aufgrund bestimmter Unverträglichkeiten des Säuglings ein Ungleichgewicht zwischen Hunger und Sättigung entstanden sein. Dieses wiederum führte zu erhöhter körperlicher und seelischer Anspannung, die kaum Entlastung fand. – Aus den verschiedensten Gründen scheint Nahrung für die Mütter der dicken oder dünnen Kinder von jeher zentraler emotionaler Beziehungsfaktor gewesen zu sein.

Einige meiner jugendlichen Patientinnen mit Eßstörungen verbrachten die ersten Tage ihres Lebens im Brutkasten und bekamen zwangsläufig auch zu wenig emotionale Nahrung. Daß später Mutter oder Vater unbewußt dafür Ausgleich schaffen wollten, wen wundert's?

Die Kommunikation zwischen Mutter und Kind beginnt gleich nach der Geburt mit einem komplizierten Wechselspiel von Aktion und Reaktion. Weil der Säugling seine Bedürfnisse nicht artikulieren kann, ist er darauf angewiesen, daß die Mutter seine Notwendigkeiten »erahnt« oder die entsprechenden Signale »richtig« übersetzt.

Seine Zeichen lösen also bei der Mutter das passende Verhalten aus; zugleich aber hängen seine Äußerungen von ihren Antworten ab. Dieses wortlose Zwiegespräch kann natürlich zu Mißverständnissen führen, sobald einer die Gesten des anderen falsch versteht. In seiner Hilflosigkeit reagiert der Säugling mit Angst und ohnmächtigem Zorn auf mehrfache Fehlinterpretationen. Er selbst kann keine Initiative ergreifen, seine Wehr-macht ist rein körperlicher Natur: er strampelt und schreit mit aller Kraft.

Auf diese Weise verbindet er schmerzliche emotionale mit ebenso unangenehmen körperlichen Erfahrungen, und diese hinterlassen bei ihm dann Gefühle von totaler Verwirrung oder innerer Leere. Wie sollte er ein positives Selbst-Bewußt-Sein entwickeln? Alle Körperfunktionen des Kleinkinds, auch seine »sexuellen« Betätigungen, bewirken unterschiedliche Reaktionen der Pflegepersonen. Sein Körper ist ein Instrument, auf dem es nicht alleine spielt – und das die Mutter besser kennt als der Besitzer selbst. Allmählich jedoch verändert sich über die mütterliche Bestätigung, Nichtbeachtung oder Korrektur der Bezug zum eigenen Körper. Das Kind lernt, ihn auch zu nutzen, um Konflikte darzustellen und auszutragen.

Ich denke an die drastischen Formen der kindlichen Verweigerung, an das Spiel mit dem Essen, zum Beispiel »Meine Suppe eß ich nicht«, an den Kampf um die Sauberkeit, an unerklärliches

Fieber oder Bauchweh, falls die Eltern mal ausgehen wollen –
nicht zuletzt an den vehementen Einsatz des ganzen Körpers
bei Wutanfällen. Es gibt viele solcher Möglichkeiten, jede
Mutter kennt sie. Sie stammen spätestens aus der Zeit, die
Erikson »Autonomie gegen Scham und Zweifel« genannt hat.
Nach und nach verlieren sie sich, sobald dem Kind passendere
Möglichkeiten der Konfliktlösung zur Verfügung stehen. Dann
wird es mit Argumenten zu überzeugen suchen oder handeln,
vorausgesetzt, die Mutter kann den kindlichen Körper aus ihrem Besitz »entlassen«. Und das fällt vielen Müttern sehr
schwer.

Wenn die Mutter den Körper ihres kleinen Mädchens mißbraucht, um eigene, fürsorgliche Bedürfnisse zu befriedigen,
dann wird die Tochter auf die gleiche Weise versuchen, ihre
Probleme loszuwerden. Hilde Bruch versteht unter solchem
Mißbrauch auch die Nahrungsaufnahme und damit verbundene
Prozesse, die nicht mehr nur der Ernährung und Sättigung
dienen, sondern zur Abfuhr komplexer emotionaler, innerpsy-
chischer Probleme benutzt werden.[35]

Die »dicke Haut«

Die dicke Haut einer Jugendlichen mag also auch Ausdruck eines
ähnlichen Mißbrauchs von seiten der Mutter sein und kann
einander widersprechende Botschaften verbergen. Einerseits
stecken unersättliche Wünsche nach Liebe im dicken Fell, aber
ebenso nie formulierte Wut- und Haßgefühle. Einerseits kann die
Leibesfülle eine Illusion von Mächtigkeit und den Versuch der
Selbstbestimmung ausdrücken, andererseits eine kräftige Ab-
wehrhaltung sein gegen das Erwachsenwerden. Einerseits ver-
hüllt sich jede attraktive weibliche Anmutung in fast geschlechts-
loser Masse, und man könnte annehmen, Dicke wollten am liebsten keine Frauen sein. Zum andern erinnert ihr Körperumfang

nahezu zwangsläufig an Schwangerschaft – vermutlich haben auch sie Angst vor den sexuellen Aspekten ihres Körpers.

Dergleichen Gegensätze sind ganz persönlicher Art und individuell verschieden. Zweifellos dient die dicke Haut auch der Abwehr solcher Konflikte und kaschiert psychische Probleme. Häufig wird allein das Übergewicht für sämtliche Mißerfolge und Leiden verantwortlich gemacht, trägt Aggression und Depression, weist eigene zerstörerische Impulse ab und schluckt sie. So bedeutet »Fett« Schutz und nicht etwa einen Mangel an Selbstkontrolle oder Willenskraft, sondern steht für Sicherheit, Bemutterung, Liebe, Sexualität, Geborgenheit – aber auch für Angst, Zorn, innere Leere, Einsamkeit und Trauer. In der Verwechslung von »psychologischem Hunger« mit realem Appetit bestätigt sich wohl die These einer frühen Konditionierung durch die Mutter mit der darauffolgenden Verwirrung innerer und äußerer Sensationen, die über eine Fehleinschätzung des eigenen Körperschemas bis hin zu einer Realitätsdiffusion führen kann. Auch wenn Dicke insgesamt nicht wesentlich größere Mengen verspeisen als Normalgewichtige, so neigen sie dazu, ihre Zeit mit Essen zu strukturieren und auf emotionalen Hunger mit Nahrungszufuhr zu reagieren, wie sie es seit ihrer Kindheit gewöhnt sind.

Dabei spielt sicher eine Rolle, daß ein depressiv veranlagtes Kind weniger neugierig und erobernd auf die Gegenstandswelt zugeht. Es fürchtet Kontakte mit fremden Menschen und unbekannten Dingen, reagiert ängstlich und gehemmt. Von einer ähnlich strukturierten Mutter vielleicht unterstützt, bleibt es an ihren Schürzenbändern hängen. Und diese ziehen es auf direktem Weg in die Küche.

Aus all diesen Gründen bedeutet die Verordnung einer simplen Diät ohne therapeutische Begleitung mehr als nur eine Gewichtsreduktion. Die Trennung von den stützenden Pfunden beinhaltet eine Auflösung der wirksamen Schutz- und Abwehrformen mit gefährlichen Angstfreisetzungen.

Schlimmstenfalls kann strenges Fasten eine Psychose auslösen, denn der narzißtische Gewinn einer erfolgreichen Diät reicht kaum aus, das frühere Leiden zu kompensieren. Plötzlich ist die

Patientin »so wie jede andere«, ihr Besonderes geht verloren – und das häßliche Dick-Sein kann nicht mehr als Ursache jeglichen Versagens angesehen werden.

Eine weitere Schwierigkeit entsteht auf der zwangsläufigen Ablösung vom Elternhaus, einer Verselbständigung von der Mutter und den familiären Eßgewohnheiten, die für alle ziemlich schmerzlich ausfallen kann. Eine Schlankheitskur wird zu Hause eventuell gar nicht unterstützt, aber erfahrungsgemäß auch nicht abgelehnt, sondern subtil unterminiert. Deshalb erscheint bei dieser Problematik eine Familientherapie sinnvoll, zumindest begleitende Familiengespräche im Falle einer Einzelbehandlung.

Das erste Familiengespräch aus der Behandlung einer Zwölfjährigen

»Meine Eltern wollen, daß ich dünner werde«, meint Sofia vorwurfsvoll und ablehnend zugleich. Sie ist 130 cm groß und wiegt 42 kg, leidet selbst wenig unter ihrem Übergewicht, wirkt fröhlich, körperlich aktiv und mit ihrem hübschen, südländischen Äußeren sehr ansprechend. Sie sei in der Schule beliebt, werde nicht gehänselt und möchte »eigentlich gar nichts ändern«. Dennoch wünschen die selbst ziemlich korpulenten Eltern eine Therapie, auch wenn ihnen der Hausarzt nur geringe Erfolgsaussichten für eine Abmagerung Sofias bescheinigt.

Die aus Südamerika stammende Familie lebt in Deutschland sehr isoliert, beide Eltern arbeiten abwechselnd in Nachtschichten. Das ihrer Landesküche entsprechend zubereitete Essen nimmt viel Raum ein, ersetzt Heimat, steht für Vertrautheit und Wärme in einem fremden Land, das vor allem die Eltern als »kalt und unfreundlich« erleben.

Die Eltern sind gleich alt, waren bereits mit siebzehn verlobt, heirateten drei Jahre später und wanderten kurz darauf nach Deutschland aus.

Sofia ist mit ihren 12 Jahren die jünste der drei Geschwister; ihr

7 Jahre älterer Bruder wird nach Abschluß der Lehre bald ausziehen. Die von Sofia sehr beneidete schlanke 16jährige Schwester besucht das Gymnasium und hält sich unauffällig im Hintergrund der Familie: »Sie hat die deutsche Mentalität angenommen«, kommentiert der Bruder.

Während Sohn und ältere Tochter in dieser Reihenfolge gewünscht wurden, reagierte Frau A. mit »schrecklichen Depressionen« auf die unerwartete Schwangerschaft und bevorstehende Geburt des dritten Kindes. Wie sie berichtet, tröstete sie sich in jener Zeit mit Essen; so kam Sofia bereits mit Übergewicht zur Welt, schien ständig hungrig und schrie viel: »Wir hatten keine Zeit, sie herumzutragen, deshalb kriegte sie dann die Flasche. Wir haben das Loch im Schnuller größer gemacht, weil sie sonst nicht genug bekam und weiter brüllte. Meistens schon eine Stunde nach der letzten Mahlzeit«, erzählt Frau A. und schaut dabei ihren Mann an.

Dieser ergänzt: »Der Kinderarzt meinte auch, das Kind hat eben Hunger, gell, Mutter? Aber richtig dick ist sie erst mit vier Jahren geworden, als sie in den Kindergarten kam. Sie ißt automatisch. Wenn wir fernsehen, zappelt sie dauernd rum, rennt zum Kühlschrank, holt sich was zu essen, futtert und sitzt dann wieder friedlich da. – Sie ißt wirklich nicht aus Hunger. Irgendwas anderes in ihr sagt ihr, du muß jetzt essen.«

Auf die Frage der Therapeutin an Sofia, ob sie das auch so erlebe, antwortet Herr A. sofort, daß es *ihm* ähnlich gehe: »Ich beruhige eben meine Nerven mit Essen. Und meine Frau hört auf zu essen, wenn sie traurig ist.« Die Therapeutin wendet sich an die anderen, wie die's machen, und Anna meint etwas abweisend: »Ich esse nicht, ich gehe weg!«

Herr A. fährt fort: »Der Grund, warum wir zu Ihnen kommen, ist, daß das Kind, wenn es 14 oder 15 Jahre alt ist, nicht mehr Essen, sondern etwas anderes sucht als Befriedigung – Trinken oder etwas anderes. Sie ist ein ganz normales Kind und trotzdem, irgend etwas stimmt nicht. Vielleicht geht die Freßsucht nachher in eine andere Sucht über.«

Th.: »Wie ich Sie verstehe, haben Sie große Sorge, Ihre Tochter könnte süchtig werden? Kontrolle verlieren?«

Herr A.: »Genau. Man weiß ja heutzutage nie. Sehen Sie unseren Sohn. Kommt am Wochenende um ½3 Uhr nachts heim! Die Mutter und ich haben aufrecht im Bett gesessen und gewartet. Ich mußte ihn anschauen, ob er in eine Rauferei geraten ist oder getrunken hat.«

Sohn: »Manchmal könnten meine Eltern wirklich mehr Verständnis für mich haben – ich bin 19!«

Th.: »Sie möchten weniger versorgt und mehr wie ein Erwachsener behandelt werden?«

Sohn mit Nachdruck: »Ja! Er sagt, ich soll keine Drogen nehmen, nicht trinken, nicht so spät nach Hause kommen, keine Freundin haben«, – aggressiv zum Vater: »– was machst *du* dir da Sorgen!«

Frau A. springt ein: »Der Vater muß sich immer Sorgen machen. Er hat gesehen, du hast nichts getrunken – o. k. – ist er wieder ins Bett.«

Sohn: »Wenn ich 20 bin, wandere ich aus! Da kann sich keiner mehr Sorgen machen. *So* übertrieben!«

Herr A.: »Ich wollte mich selber beruhigen. Nicht daß ich dir nicht vertraue . . .«

Sohn: »Quatsch! Das ist doch Kontrolle!«

Bei der Sorge des Vaters, Sohn oder Tochter könnten süchtig werden, handelt es sich wohl um die Angst vor nicht zu kontrollierenden sinnlich-erotischen Triebkräften, die der Vater auch in sich spürt und vordergründig bei den Kindern zu bekämpfen sucht: »Die Sofia wird langsam ein Fräulein, und wenn sie eines Tages einen Freund anbringt . . .«

Die beiden Mädchen flüstern und kichern, und auf die Frage der Therapeutin, was Sofia dazu meint, antwortet Frau A.: »Zu mir sagt der Vater auch immer, du mußt aufpassen, du mußt aufpassen! Er holt mich von der Arbeit ab, weil er Angst hat.«

Herr A.: »Ich kenne schließlich das Leben. Ich weiß, wie die anderen reagieren.«

Th.: »Könnte es sein, daß sie manchmal auch ganz gern so reagieren würden wie die anderen? Trinken zum Beispiel?«

Herr A.: »Vielleicht. Aber man muß sich beherrschen. Man sieht so viele Sachen . . .«

Die Therapeutin bemerkt, daß Sofia plötzlich Krach macht, Frau A. nicht mehr zu verstehen ist.

Frau A. laut: »Vater, ich glaube, du mußt deinen Sohn etwas mehr freilassen – und mich auch.«

Herr A.: »Nein.«

Auf den fragenden Blick der Therapeutin antwortet er: »Wenn es nach mir ginge, würde ich eine einsame Insel kaufen und mit allen hinziehen!« Er fügt hinzu, daß er auch alleine dort wohnen könne.

Beide Töchter protestieren, der Sohn wendet sich wütend an den Vater: »Das wäre schlecht! Da kriege ich nie Selbstvertrauen! Da kann man keine Erfahrungen sammeln! Wenn *ich* Vater wäre, würde *ich* meinen Kindern alles zeigen. Daß der Vater sagt, er will uns total behüten und abschirmen, schlecht ist das!«

Das Gespräch dreht sich nun um die Abwehr der Versuchungen einer feindlichen, fremden Außenwelt und die Freiheitsbestrebungen der jugendlichen Kinder. Die Eltern fürchten, »am Ende plötzlich allein dazustehen«. Während sie dies formulieren, sprechen sie sich weiter mit ›Vater‹ und ›Mutter‹ an.

Th.: »Mir fällt auf, daß sie gegenseitig nicht Ihre Vornamen nennen, sondern sich mit ›Vater‹ und ›Mutter‹ anreden . . .«

Frau A.: »Ja, ja – für das Ehepaar ist kein Platz. Wir sind nur Eltern. Mit Waschen, Putzen . . .«

Sohn unterbricht ärgerlich: »Aber ich sage dir immer, du sollst meine Sachen in Ruhe lassen – ich will kein aufgeräumtes Zimmer!«

Frau A. zur Th.: »Wir haben uns beide so angestrengt, gute Eltern zu sein, die Kinder total zu versorgen – geben, geben – aber für uns bleibt nichts.«

Th.: »Sie haben Ihre Kinder wichtiger gefunden als sich selbst? Wie kommt das?«

Herr A.: »Es ist so, daß die Ehe erstickt wird in der Sorge um die Kinder. Wenn nicht einer von uns hinter ihnen steht und sie antreibt, passiert nix. Sogar zum Essen werden sie angetrieben«, dabei lacht er, wird plötzlich ganz ernst: »Und wenn ich das hier so sage, friert es mich wie in Alaska.«

Th.: »Warum?«

Herr A.: »Ich bin der Verantwortliche – das Tief ist unaufhaltbar und ich schaffe es nicht.«

Th.: »Was schaffen Sie nicht?«

Herr A.: »Ich wollte es anders machen als *meine* Eltern!« Er berichtet darauf von seiner Kindheit, wie er die eigenen Kinder mehr einbeziehen wollte, als es sein Vater gemacht habe: »Die Kinder waren ihm egal. Der saß nach der Arbeit mit den anderen Männern zusammen in der Kneipe rum, die Mutter mußte alles alleine tun im Haus. Aber sie war unsere Komplizin«, nachdenklich schaut Herr A. seine Frau an: »Die Mama war meine Freundin . . .«

Frau A. antwortet: »Ich war immer bei meinem Papa. Der war ein ganz ruhiger Mann, die Mutter hat geschrien, immer nervös, zu viel Arbeit.«

Th.: »Jeder von Ihnen fühlte sich einem Elternteil besonders nah. Sie, Herr A., eher der Mutter und Sie, Frau A., Ihrem Vater. Ob das jetzt in Ihrer Familie ähnlich ist?«

Herr A. reagiert als erster, wie schon vorher, und meint ironisch: »Ohne seine Mutter ist unser Sohn verloren«, während die anderen lachen, der Sohn widerspricht und kontert, der Vater wäre auch nicht besser.

Herr A.: »*Ich* habe zu euch drei Kindern eine gleich enge Beziehung. Aber die Kinder haben eine andere Beziehung zu mir! Anna ist stark – zum Beispiel wenn ich ihr sage, sie kriegt heute keinen Gute-Nacht-Kuß, ist ihr das egal. Sofia bettelt um den Kuß, schmeichelt, bis sie es geschafft hat. Sie ist anschmiegsam wie eine Katze.«

Frau A.: »Wir sind schlechte Eltern, weil wir nicht konsequent sind. Wir bestrafen sie, dann kommen sie und betteln, wir geben nach. Wir halten es selbst nicht aus, und es gibt Streit in der Ehe.

Und ich finde, eine harmonische Ehe ist Voraussetzung für gute Eltern.«

Th.: »Das würde bedeuten, daß Sie sich gegenseitig auch als Partner ernstnehmen . . .«

Herr A. schnell: »Bei uns gibt es nur die Kinder. Aber meine Frau darf jetzt nicht noch mehr belastet werden. Ich habe Angst, sie schmeißt sonst alles hin, haut ab und kommt nicht mehr.« Er erschrickt und verbessert sich: »Ich meine, sie legt sich ins Bett und kann nichts mehr tun, nicht, daß sie wegrennt. Das nicht.«

Th.: »Sie fürchten, Herr A., Ihre Frau könnte abhauen. Ihr Sohn möchte gern auswandern, Sie selbst wollen sich am liebsten auf eine einsame Insel zurückziehen; Anna geht weg, wenn sie traurig ist – Sofia läuft zum Kühlschrank –«

Frau A.: »Ich will zurück in die Heimat. Aber keiner geht mit!«

Hier beginnt Sofia zu weinen, alle wenden sich ihr zu. Auf die Frage der Therapeutin, was sie so traurig macht, antwortet Sofia: »Weil die Mama so traurig ist. Weil hier nicht ihre Heimat ist.«

Th.: »Hast du gewußt, daß die Mama Heimweh hat?«

Sofia schüttelt den Kopf: »Ich hab gedacht, sie ist traurig, weil ich so dick bin.«

Th.: »Und beim Essen geht das Traurig-Sein vielleicht wieder weg?«

Sofia nickt zustimmend: »Ich hab fast nie Hunger.«

Daß Essen Trost bedeutet, darüber sind sich alle einig. Welche Kümmernisse die Familienmitglieder damit unbewußt beschwichtigen möchten, ist bisher noch nicht deutlich.

Jeder »ahnt« die Gefühle des anderen, versäumt es aber, sich zu vergewissern, ob die wahrgenommenen Reaktionen und Emotionen auch der tatsächlichen Befindlichkeit entsprechen.

So geht es in der weiteren Arbeit mit der Familie auch um ein Vergleichen jener Zuschreibungen und Interpretationen mit der Wirklichkeit – und damit um die Auflösung der aufgrund von Fehlinterpretationen entstandenen Verkettungen untereinander.

Zwangsläufig führt dieses Thema wieder ins Zentrum der gemeinsamen Ängste: die der Trennung und Verlassenheit. Dabei bildet der noch unbewältigte Abschied des Ehepaares von seinem Zuhause den Inhalt der nächsten Gespräche, ebenso wie die finanziell erfolglose und deshalb als Entwertung empfundene Auswanderung nach Deutschland, die Vereinsamung aufgrund vermeintlicher und tatsächlicher Diskriminierungen, der darauf immer enger sich schlingende Familienkreis, das Aufrechterhalten einer glänzenden Scheinwelt gegenüber den Verwandten in Südamerika, eigene Mutlosigkeit und Depression.

Auf der Basis eines umfassenden Ungeborgenheitsgefühls und im Bewußtsein, »versagt zu haben«, binden sich die Eltern an ihre Kinder, die Vertrautheit und auch einen gewissen Erfolg verkörpern. Deren Verselbständigung jedoch heißt Wiederholung der eigenen unbewältigten Trennung von der Ursprungsfamilie, Verlust von Heimat, Unsicherheit. Eigene, mehr oder weniger verborgene Ablösungsbestrebungen werden beim anderen sofort als bedrohlich wahrgenommen und dort bekämpft.

Diese Entwicklung findet in der Elterngenese ihren Ursprung, denn beide Eltern beschreiben für sich eine Ersatzpartnerfunktion und es scheint, als sei die große räumliche Entfernung ein Versuch der Befreiung. Aber das alte Muster setzt sich in der heutigen Familienstruktur fort. Seine enge Bindung zur Mutter als einziger Sohn unter vielen Töchtern und entsprechend omnipotente oder inzestuöse Phantasien überträgt der Vater nun unbewußt auf die eigenen Töchter. Seine Frau wiederum lebt Teile der früheren Beziehung zum Vater mit ihrem Sohn. Auch wenn sich die Partner mit ›Vater‹ und ›Mutter‹ ansprechen, klingen die alten Bündnisse an. Die Eheleute können sich auf der gleichen Ebene, sexuell mündig, kaum begegnen.

Sexualität bildet zwar in der Familientherapie ein ständig präsentes Thema in Form von Anspielungen, Witzen, Eifersucht und gefürchteten Ausrutschern sämtlicher Familienmitglieder; zwischen den Eltern jedoch stehen Nachtschichten oder liegt Sofia. Die allen gemeinsame Verschiebung sexueller Inhalte auf orale Befriedigung wirkt vergleichsweise ungefährlich, läßt niemanden leer ausgehen und verhindert erfolgreich, daß die mangelnde

Abgrenzung der intimen Bereiche zwischen Eltern und Kindern augenfällig werden.

Ziel der therapeutischen Gespräche ist auch, die Eltern als Partner wieder in Kontakt miteinander zu bringen und damit die Kinder in ihrer »Parentifizierung« zu entlasten. Als die Eltern zum ersten Mal seit der Existenz ihrer Sprößlinge allein verreisen, erleben alle Beteiligten diese Zeit als befreiend.

Daraufhin besucht das Ehepaar einen Tanzkurs, geht nicht allein ganz neue Schritte aufeinander zu (im übertragenen Sinn auch sexuelle Annäherung), sondern mit Hilfe dieser deutschen Gruppe verwandelt sich das Erleben der »Auswanderung« allmählich in jenes der »Einwanderung«, was die Kinder nun zu Freundschaften mit jugendlichen Gleichaltrigen ermutigt und insgesamt die fest verwobene Familienstruktur entspannt.

Gegen Ende der Therapie beansprucht das Thema Essen weit weniger Raum als früher, die Eltern akzeptieren ihre eigene füllige Statur und erwarten auch von Sofia keine gewaltsame Abmagerung mehr; letztere hat sich wachsend gestreckt, wird sicher nie die ›dürre Frau‹ der Illustriertentitelbilder und sieht, aus meiner Sicht, richtig schön aus.[36]

4 Durch dick und dünn: Über Bulimie

Brief einer Mutter zum Thema

»Ich, Hanna S., bin im Jahre 1920 geboren. Bis zu meinem 14. Lebensjahr war ich das einzige Kind meiner Eltern. Da die Familie meiner Mutter sehr groß war (12 Kinder), wuchs ich sozusagen in einer Großfamilie auf. Meine jüngsten Onkel waren nur wenig älter als ich. Mein Aussehen war für niemand ein Problem, also auch für mich nicht. Ich war pummelig und hatte bis zu meinem 14. Lebensjahr Babyspeck. Da ich als einzige in der damaligen Familie zur Höheren Töchterschule ging, war ich ohnehin besonders privilegiert.

Ich lernte gerne und gut und liebte vor allem den Sport. Im Lyzeum hatten wir eine junge, sehr gut aussehende, schlanke Sportlehrerin, die wir alle sehr verehrten. Ich schwamm, tauchte, wurde Rettungsschwimmerin, aber meine Stärke war der Völkerball. Ich rannte und sprang und warf, als ginge es um mein Leben. Aber es ging natürlich um die Anerkennung meiner Sportlehrerin. Einmal, als wir öffentlich spielten, holte mich die Lehrerin zu sich und meinte, ich solle mich doch etwas zurückhalten, mein Busen wackele, und das sähe gar nicht gut aus. Eine Welt stürzte für mich ein. Nun konnte ich dem geliebten Menschen nicht mehr zeigen, wie ich mich anstrengte, was ich für ihn tat – mein Busen ›stand‹ dagegen.

Von da an – ich wurde 16 und verließ die Schule –, änderte sich mein Leben. Ich aß nur noch das Nötigste und nur noch, damit sich meine Mutter nicht sorgte. Ich besuchte in einer entfernten Stadt eine andere Schule, in der auch ältere Buben waren, die mich oft hänselten. Ich war 160 cm groß, wog zwischen 55 und 56 Kilo, zwang mich in enge Mieder und hungerte so, daß ich Kreislaufstörungen bekam. Meine Mutter kam dahinter und tat das Schrecklichste, was mir damals passieren konnte, sie ging zum Schuldirektor und bat ihn, mich und mein Pausenbrot im Auge zu behalten. Was er auf unangenehme Weise tat – und die Klasse amüsierte sich. Von da an aß ich und spuckte. Als ich mit 18 die Schule verließ, wog ich etwa 53 Kilo, hatte Magenbeschwerden und mußte zum erstenmal ins Krankenhaus. Dann lernte ich meinen jetzigen Mann kennen, der auch nur schlanke Frauen mochte – es ging also weiter mit den Schwierigkeiten.

Als ich mit 21 Jahren einen Sohn bekam, war schon Krieg. Ich lebte mit Mutter, Sohn und Cousinen evakuiert in der später russischen Zone. Wir hatten keine Beziehungen, lebten nur von unseren Marken; meine Mutter und ich mußten hungern, um den Jüngeren das Überleben zu ermöglichen. Es gelang mir am besten: ich konnte wieder etwas für andere tun. Und ich fühlte mich wohl dabei. Bei Kriegsende wog ich 95 Pfund und hatte keine Probleme.

Später bekam ich immer mal wieder Anfälle von Freßsucht, wenn ich nicht gefordert war, wenn mich das Leben langweilte. Ich behielt aber immer Kleidergröße 38 – auch heute noch –, nur sitzt jetzt alles etwas eng.

Meine Tochter – der Vater ist groß und schlank – war als Kind ein schmalhüftiges, langbeiniges Wesen. Wenn sie in der Badewanne stand, habe ich sie immer bewundert und gedacht: ›Wie schön, sie wird nie meine Probleme haben!‹ Sie legte keinen Wert auf Süßigkeiten – es gab ja auch wieder genug –, und ich kochte viel bewußter als meine Mutter früher. Als sie die Schule verließ, hatte sie einen kleinen Busen, der nie ›wackelte‹, keinen runden Popo wie ihre Mutter – es war alles soviel besser.

Einige Jahre später wurde sie dann auch freßsüchtig. Sie ging mit 16 Jahren als Au-pair-Mädchen nach Paris. Die Schule machte ihr keinen Spaß mehr, und das Zuhausesein auch nicht. Sie kam zu einer recht netten Familie mit zwei Kindern – aber ihr fehlten wohl die Zuwendung und die Geborgenheit –, sie war recht verwöhnt. Als wir sie besuchten, überraschte sie uns in tiefschwarzer Kleidung, weiten Hosen, weitem Pullover mit Ärmeln, die die Hände bedeckten. Und die Backen hatten sich gerundet. Ich werde den Anblick nie vergessen. Sie aß, wie sie uns erzählte, wenig bei Tisch, aber sehr viel heimlich, und fürchtete immer, entdeckt zu werden. In ihrer zweiten Stellung war es ähnlich, sie fühlte sich einsam und aß. Als sie ihren Freund kennenlernte – der wohl ähnliche Vorstellungen hatte wie mein Mann –, wurden ihre Schwierigkeiten so groß, daß sie nur noch Mengen aß oder hungerte. Sie war häufig krank – wenn auch nicht ernsthaft – und magerte zwischendurch so ab, daß sie nur noch wenig über 45 Kilo wog. Ich habe das alles mit Kummer gesehen, habe immer wieder gehofft – wenn die nächste und die nächste Diät auch nichts brachten – daß es mal zu Ende gehen würde –, aber es ist noch heute so. Ich kann inzwischen eine gute Mahlzeit genießen, bei meiner Tochter überwiegt das schlechte Gewissen. Schade, denke ich oft, daß Frauen sich diesem Schönheitsideal so unterwerfen – ich kenne nicht viele, die unbekümmert essen.«

Hier schreibt eine Mutter über sich selbst und ihre Tochter, und es wird deutlich, daß die Lösung von Gewichtsproblemen per Erbrechen – nicht im Rahmen einer Anorexie – so neu gar nicht ist, obwohl Mediziner und Psychologen erst in den letzten 15 bis 20 Jahren sich vermehrt mit jener Form der Eßstörung beschäftigen, darüber tagen und berichten. Die Bulimie, Bulimarexie, Bulimia Nervosa oder Bulivomie (J. A. Meyer) kann inzwischen wohl kaum mehr als eine »heimliche Krankheit« bezeichnet werden, besonders nachdem nicht wenige der unter dieser neurotischen Störung leidenden jungen Mädchen und Frauen bereit scheinen, mit Mutter, Freundin oder einer anderen vertrauten Bezugsperson über ihre Freß-(Brech-)Sucht zu sprechen – und (therapeutische) Hilfe zu suchen.

Wenn die Mutter unter einer phobischen Angst vor dem Dickwerden leidet, sich ständig kontrollieren und beherrschen muß, dennoch wiederholt meint zu scheitern, erwächst ein Gefühl der eigenen weiblichen Wertlosigkeit, das die Tochter zweifellos übernimmt, es muß gar nicht ausgesprochen sein. Folgerichtig hängt das Selbstbewußtsein der Tochter nun auch vom Gewicht ab, Diäten werden zur fixen Idee, und die innere Befindlichkeit schwankt zwischen Depression (wenn die Abnehmversuche scheitern), Ängsten (wenn die Kontrolle nicht aufrechterhalten werden kann) und einem fast euphorischen Hochgefühl (wenn die Beherrschung gelungen ist).[1]

Gibt es eine »bulimische Persönlichkeit«?

Wie schon bei der Adipositas, stellt sich auch hier die Frage nach einer »bulimischen Persönlichkeitsstruktur«. Welche Faktoren spielen gerade bei dieser selbstzerstörerischen Form der Konfliktbewältigung eine Rolle?

Aus Hannas Geschichte lassen sich einige Bedingungen rekonstruieren, deren Inhalte wiederum an ihre Tochter weitergegeben und auf die gleiche Weise – nämlich gegen die freie Entfaltung der eigenen Person gerichtet – verarbeitet werden. Vermutlich bestand bereits eine ähnliche Beziehung zwischen Hanna und ihrer Mutter, lebte diese doch selbst nach ihrer Heirat noch im Rahmen der Großfamilie. Die äußeren Zwänge wie Krieg, Evakuierung haben eine räumliche Trennung verhindert, vielleicht ebenso die innere Ablösung erschwert. Zu jener Zeit mußten Frauen abwesende Männer ersetzen, Töchter eventuell auch Ersatzpartner sein für fehlende Väter. Hanna jedenfalls erwähnt weder ihren Vater noch den Großvater. In der Abwesenheit der Männer nahmen die Mütter (Großmütter) die Dinge in die Hand, beschafften auf bewundernswerte Weise Nahrung und Kleidung, organisierten Evakuierung oder Flucht. Sie mußten »ihren Mann stehen«, männliche und weibliche Eigenschaften gleichzeitig verkörpern. Von Langeweile oder mangelnder Lebensforderung konnte damals nicht die Rede sein, ob Dick oder Dünn spielte überhaupt keine Rolle mehr, Opferbereitschaft zählte (»für andere da sein«) und fand Bestätigung. Diese Frauen damals hatten Gelegenheit, sich als Superfrauen zu erweisen, und das gelang ihnen auch.

Eine solche Frau war vermutlich Hannas Mutter, die für ihre

Tochter eine Höhere Schulbildung wählte und sicherlich Entsprechendes von ihrer Tochter erwartete. Sollte Hanna klüger werden als sie selbst, unabhängig vom Mann sein, einen Beruf ergreifen? War sie ursprünglich vielleicht als Junge gewünscht? Bestand eine Rivalität zwischen ihren ungefähr gleichaltrigen Onkeln und dem jungen Mädchen? Wäre Hanna auch lieber ein Bub gewesen? Und wenn schon kein Mann: wie wär's dann mit einer Ideal-Frau?

Die grobe Bemerkung ihrer Sportlehrerin gräbt sich in Hannas Bewußtsein schmerzlich ein und verändert schlagartig ihr gesamtes Lebensgefühl. – Immer wieder zitieren von Eßstörungen betroffene junge Mädchen diesen *einen* gravierenden Satz, der ihr Dasein plötzlich »total« umkrempelt. Aber dies geschieht ja nur scheinbar unvermittelt, denn bei einem in seiner Identität sicheren Mädchen würde eine solche Kritik (falls es überhaupt eine ist) gar nicht auf fruchtbarem Boden landen.

Die einschneidenden Kommentare zur Figur – wie bei Hanna – werden meist während der Pubertät als verletzend wahrgenommen und erinnert. Diese Zeit mit ihren spezifischen Aufgaben vor allem der körperlichen Reifung und abschließender sexueller Identitätsfindung stellt an Mädchen höhere Anforderungen als an die männlichen Altersgenossen.

Ganz sicher ist diese Entwicklungsphase des Mädchens auch innerhalb der Familie eine Schwellensituation, denn vom Schritt der Tochter in die Adoleszenz wird zugleich die Mutter betroffen: Einerseits rückt sie eine Generationsstufe auf, und zum anderen entpuppt sich die Tochter allmählich als mögliche Rivalin und nimmt als solche immer deutlichere Konturen an, wenn sie erste sexuelle Beziehungen eingeht, sich vom Elternhaus löst, einen eigenen Hausstand gründet, selbst Kinder zur Welt bringen und in ihrem Leben offensichtlich andere Pläne verwirklichen wird als die Mutter.

Auch das Verhältnis zum Vater ändert sich; die Inzestgefahr erfordert mehr als vorher einen gewissen Abstand, »das Kind« entwickelt sich jetzt unübersehbar zu einer begehrenswerten jungen Frau. (Die in letzter Zeit zahlreich publizierten inzestuösen Übergriffe zeigen, wie schwer dieser Abstand aufrechtzuerhalten ist.[2])

Auf welche Weise der Vater die körperliche Reifung seiner Tochter zur Kenntnis nehmen sollte, wird nicht nur in Beratungsgesprächen, sondern auch in der Literatur zum Thema; Boskind-White zum Beispiel beschreibt die Überreichung eines Blumenstraußes oder ein festliches Abendessen als angemessene Feier der ersten Menstruation.[3] Bei den im Buch vorgestellten jungen Mädchen kommt beides positiv an, es wäre aber denkbar, daß eine solche Beachtung auf andere »übertrieben« oder gar »peinlich« wirkt, als Eindringen in die persönliche Sphäre. Denn Verletzungen des intimen Bereichs sind gerade in Familien mit Eßgestörten häufig zu beobachten: Badezimmer- und Toilettentüren bleiben bei Benutzung der jeweiligen Einrichtungen offen, die Familienmitglieder bewegen sich ungehemmt im privaten Raum des anderen: So »ist doch nichts dabei«, wenn der Vater seine beiden nackten Töchter betrachtet und meint, sie hätten »prima Titten«, oder die Mutter ihre Tochter mit einem Tampon »entjungert«.

Das Familienklima

Ähnlich eindringendes Verhalten setzt sich in anderen Bereichen fort, es passiert, daß Tagebuchnotizen studiert, Briefe versehentlich geöffnet und gelesen werden, manch persönliche Dinge, die eigentlich geheim bleiben sollten, an die familiäre Öffentlichkeit geraten. Selbstverständlich geschieht das wechselweise, kennen die Töchter auch das Privatleben ihrer Mutter *oder* des Vaters, bedienen sich ebenso unabgegrenzt aus Kleiderschrank, Schmuckschachtel, Portemonnaie, Essensvorräten; wissen natürlich um die geheimsten Gedanken und Sorgen, denn meist sind Mutter und Tochter die »besten Freundinnen« und »erzählen sich alles«. So weiß jeder auch über die körperlichen Vorgänge des anderen genau Bescheid, erinnert die Mutter das Datum der letzten Regel ihrer Tochter präziser als diese selbst, kümmert sich letztere um die Obstipation der Mutter, empfiehlt den bekannten Abführtee, Weizenkleie und weniger Schokolade.

Die Konturen zwischen Mutter und Tochter verwischen natürlich besonders leicht, weil beide gleichen Geschlechts sind und die Jüngere unausweichlich bestimmte Erwartungen, gescheiterte eigene Zielsetzungen der Mutter (Großmutter) trägt, diese zu erfüllen sucht oder sich dagegen wehrt. Allerdings ist Töchtern mit Eßstörungen wiederum gemeinsam, daß sie es schwer haben, eigene Wünsche zu merken, gar sich abzugrenzen oder ein Nein auszusprechen. Wie Hanna schreibt: »Für andere da sein« ist die Devise. Aus dieser altruistischen Haltung heraus bemuttert die Tochter ihre Mutter, die Familie, was besonders bei Anorektikerinnen zu beobachten ist, die zwingend für alle kochen. Auch hier verschiebt sich die Generationenlinie, und wer welche Rolle innehat, ist unklar.

Falls eine solche Austauschbarkeit besteht, weder innerseelische noch real körperliche Bereiche der eigenen Person geschützt bleiben, wird es der Tochter kaum gelingen, ein kräftiges Selbst-Wert-Bewußtsein auszubilden. Denn ein Elternpaar, das seine Kinder »parentifiziert«, ist selbst meist noch unabgelöst von der Ursprungsfamilie. Es fühlt sich den Anforderungen der Elternschaft kaum gewachsen, vor allem wenn diese auf der Basis früherer Defizite gewählt wurde und die Kinder Ersatz sind für die fehlende Mutter oder einen enttäuschenden Vater. So kann das oft kritisierte und von den Eltern selbst gar nicht wahrgenommene Kontrollbedürfnis durchaus eigenen, alten Verlustängsten entstammen.

Die wie Kontrolle wirkenden Versuche von Vater oder Mutter, ihr Mädchen in jeder Hinsicht »total« zu versorgen, ihr bei jeder Entscheidung hilfreich zur Seite zu stehen und ihr jede unangenehme Erfahrung ersparen zu wollen, wird von dieser ambivalent verarbeitet: zweifellos empfindet die Tochter eine nicht unangenehme Wichtigkeit ihrer Person und verbindet damit gewisse Allmächtigkeitsgefühle oder -ansprüche an die Eltern.[4] Gleichzeitig spürt sie jedoch verborgene Lebensängste und mangelndes

Selbstvertrauen von Vater oder Mutter. Eltern, die es nicht wagen, ihrer Tochter den kleinsten Mißerfolg zuzumuten, vermitteln Unsicherheit und Ungeborgenheit. Auf diese Weise erfährt die Tochter zwar von kleinauf eine übersteigerte narzißtische Aufwertung, gleichzeitig jedoch starke Einschränkungen, die mit Übergriffen auf Leib und Seele gekoppelt sind. Verwirrt fragt sie sich, *was* an der eigenen Person nun eigentlich so wertvoll sei, denn sie selbst hat gar keinen Bezug zu ihren Fähigkeiten oder Schwächen.

Eine in der Literatur über mager- und freßsüchtige junge Mädchen häufig zitierte Fehleinschätzung des eigenen Körpers gehört hierher, ebenso wie die hohe Leistungsbereitschaft der von dieser Krankheit Betroffenen. Sie haben kein Zutrauen zum eigenen Wissen und Können, wollen daher auf fast zwanghafte Weise immer mehr und mehr schaffen. Parallel zum Verlust der Hunger- und Sättigungs-Wahrnehmung läßt sich ein auf alle Gebiete übergreifendes Gefühl von Hilflosigkeit beobachten, die Unfähigkeit dieser Mädchen, ihr Verhalten, Aussehen und die Wirkung auf andere beurteilen zu können. Auch das Ausmaß ihres Arbeitsaufwands zu überblicken und den eigenen Kräften entsprechend damit umzugehen, fällt ihnen schwer. Sie leben in einem »chaotischen Zustand«, dem sie entweder mit Resignation oder krankhafter Betriebsamkeit begegnen, der in jedem Fall in tiefe Depressionen mündet.

Dabei demonstriert ja gerade die Nahrungsverweigerung zu Beginn der Hungerkrankheiten den Wunsch nach Eigenverantwortung und Unabhängigkeit, ein verschobenes Streben nach notwendiger Ablösung vom mütterlichen Vorbild. Einen äußeren Markstein dieser Entwicklung setzt die Pubertät. Diese fordert von Mutter und Tochter gleichermaßen einen wesentlichen Trennungsschritt, die Aufgabe letzter symbiotischer Phantasien, eine gegenseitige Anerkennung von Mutter und Tochter als die jeweils »andere« Frau.

Wenn nun gerade in dieser beileibe nicht unkomplizierten Zeit die Mutter plötzlich schwanger wird – wie in Hannas Fall, deren einziges Geschwister geboren wurde, als sie selbst 14 Jahre alt

112

war – können aus dieser (bereits beschriebenen) Verschiebung der Generationenstufe mächtige Konflikte entstehen.

Bisher vermutlich wenig mit der Sexualität ihrer Eltern konfrontiert, vielleicht, wie vorher erwähnt, sogar unbewußt als Ersatzpartner der Mutter definiert, lassen sich unter diesen anderen Umständen der Mutter auch die eigenen weiblichen Attribute nicht länger leugnen und entfachen in der Erkenntnis ihrer deutlichen Sinngebung – von der Mutter demonstriert – wohl massive Ängste.

Wie kann die fortschreitende sexuelle Entwicklung verhindert, wie können weibliche Formen möglichst unauffällig zum Verschwinden gebracht werden? Und wie kann die eigene Kontrolle über den Körper, das Leben bewiesen werden? »Hungern – meine einzige Waffe«, antwortet Sheila McLeod mit dem Buch gleichen Titels.[5]

Rebellion?

So beginnt der bulimische Kreislauf meist mit dem Versuch des Hungerns, einer von den Magersüchtigen bekannten totalen Nahrungsverweigerung, die hier nicht durchgehalten werden kann, abkippt in ein großes Fressen, worauf wieder eine rigide Fastenkur folgt, welche unabwendbar von einer Fresserei abgelöst wird – und so weiter. Der »Teufelskreis« beginnt, die Abstände zwischen Fressen und Fasten verkürzen sich, beides wird zum Zwang, und die Bulimikerin versucht verzweifelt und vergebens, die Kontrolle wiederherzustellen.

Je aussichtsloser ihr dies erscheint, desto selbstzerstörerischer werden die nun eingesetzten Mittel: Laxantien, Einläufe, harntreibende Mittel zur Entwässerung und vermeintlicher Fettzellenreduktion, Erbrechen der aufgenommenen Speisen. Unmengen von Essen werden in kürzester Zeit verschlungen und wieder herausgewürgt, in die Kloschüssel übergeben und weggespült. Damit entsteht zwar kurzfristig ein Gefühl der Wiedergutmachung und des vorübergehenden Wohlbefindens aufgrund der völligen Entleerung, gleichzeitig jedoch wachsen Selbsthaß- und Schamempfindungen.[6]

Die bulimische Jugendliche erlebt die Freßsucht als eine Bemächtigung von außen. Eine solche Fremdbestimmung kennt sie, hat sie doch früher die liebevolle Kontrolle ihrer Mutter ganz ähnlich erfahren.

Auch bei Hanna gibt es ein Beispiel dieser eisernen Kontrollmöglichkeiten: Ihre Mutter weist den Schuldirektor an, den Verzehr des Pausenbrots zu überwachen, was dieser, zum Amüsement der Mitschüler, auch tatsächlich durchführt. Hanna empfindet die eigene Ohnmacht und benutzt nun das Erbrechen als geheimes Instrument der Rebellion. Hier wirken übrigens wieder die ambivalenten (ver-rückten) Bedingungen, die ich vorher aufzuzeigen versuchte: Einerseits »besonders privilegiert« als einziges Mädchen der Familie, das die Höhere-Töchter-Schule besuchen darf, findet sie sich dennoch ausgeliefert an zwingende Vorschriften, die ihr Aussehen und Sein betreffen. Selbst ihrem späteren Mann kann sie sich nicht so zeigen, wie sie ist.

In dieser Zwiespältigkeit überwiegt anscheinend die entmutigende Seite; Hanna hat nicht weitergelernt, keinen Beruf gewählt, jede Rivalität vermieden. Offensichtlich schließt in ihrer Vorstellung das »Etwas-für-andere-tun« jede eigene Entfaltung aus. Seit ihrer Pubertät – seit 54 Jahren also – kennt Hanna mehr oder weniger krasse Einschränkungen; obwohl ihr Kreislaufstörungen verursachendes Korsett längst nicht mehr existiert, wirkt es in übertragenem Sinne nach wie vor, engt es unbewußt die Tochter ein, die nun unter den selben Zwängen leidet wie ihre Mutter früher.

Beide, Mutter und Tochter, zeigten vor ihrer Bulimie anorektisches Verhalten und fanden sich vor ihren Hungerkuren »pummelig«. Dies scheint ziemlich typisch zu sein, etwa die Hälfte der magersüchtigen Mädchen unterliegt Freß-Brech-Anfällen[7], und die später bulimischen Jugendlichen berichten übereinstimmend über »Zeiten von Magersucht«. Damit meinen sie den Versuch der strikten Nahrungsverweigerung, welcher jedoch nicht durchgehalten werden kann, wie es die achtzehnjährige Mareike beschreibt:

»Ich war damals 15, da hatte ich meinen ersten richtigen Freund. Ich war immer schon mollig gewesen. Meine Mutter hatte Tausende von Diäten mit mir probiert. Ohne Erfolg. ›Bauch rein‹, nichts zog. Ich aß halt gerne. In den Sommerferien war ich mit einer Organisation in England, da habe ich ein bißchen abgenommen. Alle sagten, ›du bist ja schlanker geworden!‹ Ich wollte unbedingt auf dem Gewicht bleiben. Ich begann, mich jeden Morgen zu wiegen. Zwei Monate nach meinem 16. Geburtstag machte ich mit meinem Freund Schluß.

Immer mehr zügelte ich mich. Meine Portionen wurden immer kleiner. ›Überiß dich nicht!‹ ›Paß auf, du wirst noch magersüchtig!‹ In den Ferien ständig Bauchweh, Blähungen, Angst vor den Riesenportionen. Zwei Wochen später: ›Ich esse kein Fleisch mehr!‹ Bei jedem Essen ein schlechtes Gewissen. Auf der Waage daheim fällt mir ein Riesenstein vom Herzen: nicht zugenommen! So geht das immer: auch im Urlaub ein ständig schlechtes Gewissen. Angst vor dem Essen. Zu Hause jeden Morgen: Waage. Schwächegefühle habe ich heute eigentlich nicht mehr. *So* wenig wiege ich nicht mehr. Aber der Zwang, die Angst bleiben. Ständig der Vergleich mit anderen. Genugtuung bei fetten Hintern. Schlechtes Gewissen bei Dünneren als ich.

Jede Bemerkung ›Du bist zu dick‹, ›hast du zugenommen?‹ bohrt sich bis ins Innerste, versechsfacht das schlechte Gewissen. Die Zahl auf der Waage bestimmt die Laune an diesem Tag. Jede Nacht, halbwegs schlaflos aus Hunger zugebracht, führt zu Triumph: Ich fühle mich gut.

Der Blick in den Spiegel eine Qual. Ich bin viel zu dick. Am Abend: Ich will was essen – dann: Scheiße, du hast wieder nachgegeben, warst wieder zu labil.

Jede Einladung heißt, man muß was essen – und zwar viel. Scheiße, am liebsten bleibe ich daheim.

Heute besonders wenig gewogen, kannst dir eine Schokolade gönnen. Am Abend schon Reue!

Immer wenn ich weg war, fragt meine Mutter: ›Hast du was

gegessen?‹ Immer dieses Erfinden, Erlügen, weil ich sonst noch essen muß. *Angst* vor dem Gewicht, vor dem Essen, Ausflüchte. Ununterbrochen in Gedanken ans Essen, ans Fett.

Ein Teufelskreis, nie richtig abgesackt in die Magersucht – aber auch *nie* kuriert.«

Diagnosekriterien und gesundheitliche Folgen

Die Vermischung von bulimischem mit anorektischem Verhalten – wie hier – hat zur Prägung des Begriffs der »Bulimia Nervosa« bzw. »Bulimarexie« geführt. Diese Bezeichnungen leiten sich ab vom griechischen bous = Stier, os = Hunger (letzteres ist auch in der sog. Anorexie – vermeintliche Appetitlosigkeit der Magersüchtigen – enthalten).

Ich finde es schade, daß sich Meyers Begriff der »Bulivomie« nicht durchzusetzen scheint, denn in dieser Benennung wären beide gravierenden Merkmale der Freß-Brech-Sucht eingeschlossen (vom lateinischen vomere = sich erbrechen).

Folgende in der DSM III aufgeführten diagnostischen Kriterien gelten für die Bulimie bzw. Bulimarexie:

1) Wiederkehrende Episoden von Heißhungerattacken und Verzehr großer Nahrungsmengen in einer bestimmten Zeitspanne – oft kürzer als zwei Stunden.

2) Mindestens drei der folgenden Verhaltensweisen:
   - Aufnahme hochkalorischer, leicht verzehrbarer Nahrungsmittel während einer Heißhungerattacke;
   - Heimliches Essen während einer Heißhungerattacke;
   - Beendigung einer solchen Essensperiode durch Magenschmerzen, Schlaf, selbstinduziertes Erbrechen oder Störung durch Dritte;
   - Wiederholte Versuche, Gewichtsverluste durch strenge Nahrungsrestriktion, selbstinduziertes Erbrechen und Gebrauch von Laxantien oder Diuretika herbeizuführen;

116

– Häufige Gewichtsfluktuation um mehr als 5 kg, bedingt durch alternierende Heißhungerattacken und Fasten.
3) Bewußtes Erkennen des abnormen Eßverhaltens und Furcht oder Unfähigkeit, dieses freiwillig zu beenden.
4) Depressive Verstimmung und selbstabwertende Gedanken nach einer Heißhungerattacke.
5) Die bulimischen Episoden sind nicht auf Anorexia Nervosa oder irgendeine andere bekannte somatische Erkrankung zurückzuführen.

Diese Charakterisierung soll ergänzt werden um einen weiteren wesentlichen Punkt:
6) Intensive, morbide Angst vor Gewichtszunahme und übertriebene Beschäftigung mit der eigenen Figur.[8]

Die phobische Angst vor dem Dickwerden wirkt stärker als jede medizinische Warnung, führt zu absurden Diäten, die selbstverständlich nicht auf Dauer eingehalten werden können und früher oder später in kürzeren oder längeren Abständen nahezu unausweichlich Heißhungerattacken zur Folge haben. Aber im permanenten Kontrollversuch und im wiederholten Triebdurchbruch geht es um das Hier und Jetzt, nicht etwa um spätere Folgeschäden. Der momentane Gewinn? Entweder das befriedigende Gefühl, sich »total beherrschen« zu können – oder Wunscherfüllung ohne Aufschub, sofort. Erst danach konmmt das schlechte Gewissen über den Kontrollverlust. Abführ- oder harntreibende Mittel, selbstinduziertes Erbrechen soll Geschehenes ungeschehen machen, wie es die mahnende innere Stimme fordert. Während diese Methode der Gewichtskontrolle manchen anfangs noch als ideal erscheint, entsteht doch bald ein Kreislauf von Fressen und Erbrechen, der von den Betroffenen als Zwang empfunden wird. Freßsüchtige junge Mädchen, die nicht erbrechen oder jede Menge Laxantien nehmen, sondern über häufige Diäten ihr Gewicht regulieren, werden in der Fachsprache als »latent adipös« bezeichnet. Hilde Bruch nannte die zwischen Schlemmen und Fasten pendelnden Patientinnen die »dünnen dicken Leute«, weil sie ja, wenn sie »normal« essen würden, nicht schlank wären.

Ich habe in Selbsthilfegruppen und in meinen Therapien aber immer wieder festgestellt, daß die Jugendlichen selbst von ihrer »Bulimie« sprechen und damit zwingendes Überfressen meinen, egal, ob sie die aufgenommene Nahrung erbrechen oder nicht. Ich habe deshalb in diesem Buch auch nur den Begriff der Bulimie oder Bulimarexie benutzt.

In anderen, Bulimie-verwandten Fällen verweigern die betroffenen Mädchen das Schlucken der aufgenommenen Nahrung; sie »mümmeln« ihr Essen und spucken es nach dem Zerkleinern wieder aus.[9] Es handelt sich hier also noch deutlicher um die Verhinderung jeglichen Aufnehmens, ein Verschließen des Körpers gegen alles, was eindringen und innen seine Wirkung entfalten könnte (Penetrations- und Schwangerschaftsängste im weitesten Sinn). Das Ausspucken der Nahrungsmittel stellt einen Versuch dar, den Körper und seine Funktionen vollständig zu beherrschen, nicht zuletzt aufgrund der anfangs beschriebenen Verwechslung oraler und genitaler Wirkungsweisen.[10] Die häufig bereits vor Beginn der Hungerkrankheit auftretende Amenorrhö (bzw. unregelmäßige Periode) gehört hier zum Bild und kann als Ausdruck der Angst vor den unkontrollierbaren körperinneren Vorgängen verstanden werden.[11] Aber wenden wir uns auf dem Hintergrund dieser theoretischen Informationen wieder der Praxis zu:

Karla
Ihre Geschichte und die Psychodynamik

Die Mutter entdeckt Karla eines Tages dabei, wie sie im Klo den Finger in den Hals steckt und das Abendessen wieder erbricht. Ihre Tochter reagiert auf Fragen beschämt und übermäßig empfindlich; es entsteht sofort ein Riesenstreit, und die Mutter beschließt, Karla von nun an genauer zu beobachten. Sie merkt, daß Karla mindestens einmal am Tag alle möglichen Lebensmittel verschlingt, die sie von ihrem Taschengeld gekauft hat, und anschließend ins Klo verschwindet, um sich zu übergeben. Häufig kommt es nun zu heftigen Auseinandersetzungen, Karla knallt die Türen und verschwindet in ihrem Zimmer, läßt die Mutter völlig ratlos zurück. Diese kann sich das merkwürdige Verhalten ihrer Tochter nicht erklären, versteht nicht, warum ein schlankes, hübsches Mädchen noch dünner sein will, kann nicht begreifen, was der Achtzehnjährigen eigentlich fehlt.

Auch Karla weiß nicht, was mit ihr los ist. Sie merkt nur, daß jetzt, nachdem sie keine Entdeckung mehr fürchten muß, ihre Freß-Brech-Sucht viel schlimmer wird. Bis zu fünfmal am Tag frißt sie gekaufte und erreichbare Lebensmittel, trinkt literweise Wasser und spuckt alles wieder aus. Die Mutter besorgt keine Vorräte mehr, bringt nur die nötigsten Dinge mit nach Hause, schließt erst die Schränke ab, dann die Küchentür.

Dies wiederum empfindet Karla als mangelnde Versorgung, als Zeichen, die Mutter liebe sie nicht. Auch die Mutter fühlt sich von Karla abgelehnt und provoziert, spuckt sie doch das »schwerverdiente Essen« wieder aus. So entsteht ein trauriger, mißverständlicher Beziehungskreislauf zwischen Mutter und Tochter, der natürlich nicht erst mit der Freß-Brech-Sucht Karlas begonnen hat. Karla ist auch durch Kämpfe keineswegs zu bremsen, sie greift ihr Sparkonto an und verbraucht viel Geld für Essen, das in der Kloschüssel landet. Immer noch meint die Mutter, ein bißchen Willensstärke bei Karla, ein bißchen gutes Zureden von ihr selbst könnte helfen. So läßt sie die Tochter kaum aus ihren vorwurfsvollen Augen, von denen Karla sich verfolgt fühlt, denn diese fragen: »Hast Du schon wieder...?«, ohne daß die Mutter dazu ein Wort verliert. Langsam kreisen nur noch Essensgedanken in Karlas Kopf, und sie wägt sehr sorgfältig ab, ob sie tatsächlich mit einer Freundin in der Stadt bummeln möchte oder lieber gleich nach Hause geht. Weil sie sich auf die »Fressalia-Orgie« freut, ist sie ärgerlich über jede Unterbrechung oder eine erzwungene Verzögerung ihres Rituals. Hat sie doch den ganzen Morgen über gehungert, nur schwarzen Tee getrunken und während der Schulzeit phantasiert, was sie nun einkauft und wo.

Ihre Käufe müssen an verschiedenen Orten stattfinden und sorgfältig geplant werden, es könnte nämlich sein, daß jemand sie
»durchschaut«, ihre Manie entdeckt, sie verurteilt, hinter Karlas
Rücken schlecht über sie spricht.

Dem schnellen zwanghaften Essen dann willenlos ausgeliefert,
sieht Karla doch einen Gewinn: »Das kann keiner, soviel essen
wie ich! Ohne dick zu werden! Ich gönne mir, was ich will –
alles. Die größten Kalorienbomben machen mir nichts. Das
Kotzen ist zwar lästig, aber effektiv. Ich wär doch blöd, das
aufzugeben!«

Nur widerwillig erzählt Karla, was sie bei solchen Mahlzeiten in
einem Affentempo hineinstopft: es geht darum, schichtweise zu
essen. Erst kommen »erlaubte«, kalorienarme Nahrungsmittel
wie Obst oder Salate, die »drinbleiben« dürfen und deshalb gut
gekaut, mit Appetit verspeist und genossen werden. Darauf
folgen die ausschließlich für diesen Zweck eingekauften »Kotz-
Spezialitäten«, meist aus fetten, schweren, bzw. süßen Bestand-
teilen. So zum Beispiel enthält eine typische »Fressalia« bei
Karla ein Pfund Leberkäse, Pommes frites und Ketchup, ein
komplettes Paket Toastbrot, ein halbes Pfund Margarine, ein
ganzes Glas Nutella oder Erdnußbutter, darauf Sahne zur Verzie-
rung, als Nachtisch einen Familienbecher Eiscreme, verschiedene Schokoladeriegel, irgendwelche in der Küche auffindbaren
Reste, »egal, was es ist«. Dazu trinkt sie literweise Saft oder
Wasser, so daß sie »randvoll« ist, ihr »restlos übel« wird und sie
sich ohne wesentliches Nachhelfen mit dem Finger übergeben
kann. Jedes Mal nimmt sich Karla erneut vor, nie wieder zu
fressen, nie wieder zu erbrechen.

Es versteht sich dabei fast von selbst, daß der Körperhaushalt auf
Sparflamme läuft; sie leidet unter Obstipation, wogegen sie
Abführmittel nimmt, ihre Periode ist unregelmäßig, bleibt
manchmal monatelang aus, was sie nicht weiter stört.

Im Gegensatz zu manch anderem bulimarektischen Mädchen
kann sich Karla genau an ihr erstes Freß-Brech-Erlebnis vor drei
Jahren erinnern. In der gewohnten »Liebe geht durch den Magen« hat ihre Mutter mittags reichlich Topfenknödel bereitet, in

flüssiger Butter schwimmend. Wiederholt bittet die Mutter, aufzuessen, nichts übrig zu lassen, erinnert an hungernde Kinder der Dritten Welt, bis Karla so viel in sich hineinschlingt, daß ihr »zum Kotzen übel« wird. Sie bricht das »gute Essen« ohne jede mechanische Hilfe, fühlt sich »befreit, leer«. Karla sagt, seither kann sie soviel essen wie sie will – und alles, was sie will – es spielt gar keine Rolle. Übergeben ist *die* Lösung. »Fressen und trotzdem Abnehmen, das bringt keiner fertig! Die in der Schule sind plötzlich stockneidisch auf meine gute Figur!«

Karla erntet Bestätigung für ihr Abnehmen, Belohnung von der Mutter in Form von neuen Kleidern; das gutmütige Gespött in der Schule verwandelt sich in Anerkennung; ein erster verzagter Flirt mit einem Klassenkameraden beginnt. Für Karla bedeutet dieser Erfolg Schlankbleiben um jeden Preis, bzw. um den Preis des erniedrigenden Brechens.

Allmählich schwindet die Euphorie über den rapiden Gewichtsverlust. Depression und Apathie lähmen Karlas Gedanken, die sich nun in zwanghafter Weise mit dem Essen beschäftigen, sich mehr und mehr ums Kochen, Backen, Lesen von Kalorientabellen drehen, so daß sie weder in der Schule noch im Freundeskreis »richtig dabei« ist. Falls sie mal einen Tag ohne »Fressalia« schafft, ist sie stolz und meint, es könnte klappen, selbst diese Sucht zu überwinden. Nach jeder Freß-Brech-Orgie beschließt sie, endlich damit aufzuhören, »gesund« zu essen. Sobald sie dies ernsthaft probiert, drängen sich unweigerlich Sahnetorten und andere verführerisch süße Speisen in ihren Kopf, sofort sind alle guten Vorsätze dahin.

Die Kämpfe mit ihrer Mutter nehmen inzwischen viel Raum ein, nur selten kommt es zu einem entspannten Gespräch zwischen beiden. Meist klingen jede Frage, jede Antwort schon gereizt.

Karla will nicht mehr zur Schule gehen, sie fürchtet sich vor den Blicken ihrer Freundinnen, meint, die müßten sehen, was mit ihr los ist. Außerdem fühlt sie sich den Anforderungen nicht mehr gewachsen, denn *wenn* sie mitmacht, soll etwas Gutes dabei herauskommen, also mindestens eine gute Note, mindestens eine Zwei.

So hat sie für sich selbst einen hohen Standard aufgerichtet, den sie nur unter größten Mühen halten kann. Im Wettbewerb mit den Klassenkameraden muß sie unbedingt besser abschneiden, und daß sie ständig mit anderen verglichen wird, liegt für sie auf der Hand. Zu Hause sind das unerträgliche Vergleiche mit der tüchtigen Schwester, bei Kontakten mit Jugendlichen außerhalb der Schule meint sie, in den Augen der Jungen neben ihren Freundinnen häßlich, plump und ungelenk dazustehen. Karla probiert ewig vorm Spiegel, wie sie am besten sprechen sollte, betrachtet linke oder rechte Seite im Profil, findet beide scheußlich, aber entscheidet, die linke sei etwas ansehnlicher. Von nun an präsentiert sie ihrem Gegenüber möglichst nur diese Schokoladenseite. Über ihre Figur fällt Karla ein ähnlich vernichtendes Urteil wie über ihr Gesicht; es bleibt nichts Gutes an ihrem Körper. Der Busen »hängt«, die Beine sind »Stampfer«, Bauch und Hüften »indiskutabel«, der Po ist für Karla eindeutig ein »fetter Arsch«. Es gibt keine Stelle ihres Körpers, die sie akzeptieren könnte. Deshalb zieht sie stundenlang verschiedene Hosen, Pullis, Röcke an, bis sie sich entscheidet, was sie heute trägt. Ebenso lange dauert es, ihr Gesicht zurechtzumachen, damit sie sich den Blicken anderer aussetzen kann.

Von den Fressalia-Episoden abgesehen, hat Karlas Leben jede Freude verloren, und selbst diese empfindet sie inzwischen als derart zwingend und belastend, auch schmerzhaft, daß sie immer öfter daran denkt, »Schluß zu machen«.

Diese Idee setzt sich in ihrem Kopf fest, sie beginnt, Pillen zu sammeln, die bei ihrer Mutter lose herumliegen. Beim nächsten Hausarztbesuch läßt sich Karla Tabletten verschreiben, fühlt plötzlich eine nie gekannte Zufriedenheit in sich aufsteigen. Sie hat ihr Leben alleine in der Hand und bestimmt den Zeitpunkt ihres Todes selbst. Jederzeit nun könnte sie verschwinden – sie stellt sich die Betroffenheit ihrer Mutter vor, den Schmerz, die Trauer. Endlich würde ihre Schwester sie anerkennen – die Klassenkameraden würden tagelang über nichts anderes sprechend als über Karla – alle würden reuevoll überlegen, was sie falsch gemacht haben.

Neben ihren Freß-Phantasien gaukeln Karla die Trauerbilder durch den Kopf, in Gedanken nimmt sie Abschied. Nahezu alle Tätigkeiten werden jetzt sinnlos. Sie schwänzt die Schule, geht zwar morgens mit Mutter und Schwester brav aus dem Haus, kehrt jedoch zurück und legt sich wieder ins Bett. Dann steht sie auf, läuft zum Einkaufen, schlingt ihre Kalorienschätze hinunter, fühlt sich voll bis zum Platzen, schuldig, widerlich, willensschwach. Zornig mit sich selbst, elend und einsam bricht sie ihre Mahlzeit wieder aus, weint. Das alte Gefühl der Reinigung, der befreienden Leere, des Neubeginns stellt sich einfach nicht mehr ein. Karla zieht sich ins Bett zurück und schläft den ganzen Nachmittag.

Als ihre Mutter einmal früher heimkommt und sie »faul« im Bett liegend findet, gibt es wieder einen Riesenkrach. Karla beschließt, dies sei der letzte Streit zwischen ihnen; sie will nun nicht mehr länger warten. Eine Nacht noch.

Am nächsten Morgen begibt sie sich wieder mit Mutter und Schwester auf den Schulweg, trennt sich von ihnen, dreht nach einer Weile um und schließt sich in ihrem Zimmer ein. Hier zählt sie ihre Tabletten, eine ganze Menge. Sie dreht die Musik auf, dröhnend laut, stellt sich vor den Spiegel und schaut sich lange an. Was sie sieht, gefällt ihr nicht, darüber gibt es keinen Zweifel. Was also sollte sie am Leben halten? Nichts.

In einer ähnlichen Verfassung lerne ich Karla dann kennen. Ihr Arzt besteht auf einer Therapie, sonst würde er sie in die Nervenheilanstalt einweisen, denn Karla hat inzwischen drei Mal versucht, sich umzubringen. Sie ist heimlich nach wie vor entschlossen, diesen Ausweg zu gehen, wenn sie es notwendig findet. Nichts und niemand kann sie daran hindern, versichert sie.

Bisher kam ihre Mutter durch irgendwelche erstaunlichen Zufälle immer gerade rechtzeitig nach Hause, um den Arzt zu rufen und Karla zu retten. Mit anderen Worten, Karlas Mutter bringt ihre Tochter symbolisch wiederholt auf die Welt – und das hat in dieser Familie besondere Bedeutung, weil Karla Adoptivtochter ist und die ältere, von der Mutter geborene Schwester sehr beneidet, nicht zuletzt um die »leibliche« Mutter.

Sofort nach ihrer Geburt sollte Karla zur Adoption freigegeben werden. Aufgrund bürokratischer Schwierigkeiten aber verbrachte sie die ersten drei Jahre ihres Lebens in einem Heim für behinderte Kinder, obwohl sie ein gesundes Baby war. Dort arbeitete Karlas jetzige Mutter nach dem Tode ihres Mannes als Stationsschwester einer anderen Abteilung und hörte natürlich von Karla, die mit ihrer liebenswerten, unkomplizierten Art das »Maskottchen« des Heimes wurde. Im Laufe der nächsten Jahre beschloß Karlas Mutter, das Mädchen zu adoptieren, fand sie es doch eine ausgezeichnete Idee, ihrer leiblichen, einzigen Tochter eine Gefährtin zu geben. Auch das stieß wieder auf Probleme, denn sie war ja eine alleinerziehende, berufstätige Mutter. Allerdings zählte der pflegerische Beruf auf der Waagschale recht positiv, so daß sie eines Tages tatsächlich alle Papiere unterzeichnen und Karla für immer mit nach Hause nehmen konnte.

Inzwischen war Karla fünf Jahre alt; nach ihrem dritten Lebensjahr hatte sie das Heim wechseln müssen, lebte in einem Städtischen Waisenhaus, verbrachte aber Wochenenden und Ferien immer bei ihrer späteren Mutter und der um vier Jahre älteren Schwester. Karla erinnert diese Zeit als sehr schön; sie blieb nämlich weiter der Liebling aller Pflegerinnen und wurde auch an den Tagen außerhalb des Heims von ihrer zukünftigen Adoptivfamilie sehr verwöhnt. Sie war für alle der »Sonnenschein«.

Diesen Eindruck vermittelt Karla auch in der Therapie. Ihr Schutz sind die Sonnenstrahlen, die sie aussendet, um die anderen zu wärmen; sie selbst fühlt sich einsam und kühl.

Sie erzählt, daß sie bald gemerkt hat, welche Vorteile sie mit ihrer freudigen Anpassung genießt und diese dann ganz bewußt eingesetzt hat, als es darum ging, eine »eigene« Familie zu gewinnen. Im Heim schien ihr das gutgelaunte Mitmachen vergleichsweise einfach, denn die Regeln standen fest. Zu Hause dagegen wurde die Sache schwieriger. Es galt, einer großen Familie zu gefallen, die nach dem Tode ihres Mannes eine wesentliche Rolle für Karlas Mutter spielte. Großeltern, Tanten, Onkel, Vettern und Cousinen musterten Karla mißtrauisch, meinte sie, und warteten immer auf etwas, das sie an ihr hätten kritisieren können. Gab es aber nicht. Karla arbeitete perfekt: charmant, fröhlich, tüchtig und gutaussehend heimste sie einen Erfolg nach dem anderen ein, auch in der Schule.

Im Wettbewerb mit der älteren Schwester, die vorher dieselben Lehrer gehabt und damit die Maßstäbe gesetzt hatte, wurde Karla vorwärts getrieben. Sie schrieb noch bessere Noten und war noch beliebter als die Schwester – aber es kostete sie ungeheure Anstrengung.

Bereits im Heim hatte Essen eine wichtige Funktion für Karla. Bravsein wurde mit Süßigkeiten belohnt, jedes Fest mit einer besonderen Mahlzeit, zumindest Kuchen, gefeiert. Weil sie beliebt war, steckten ihr die Erwachsenen oft Bonbons oder Schokolade zu; wenn sie auf einen Schwatz in die Küche marschierte, wurde sie kulinarisch belohnt.

Auch im zukünftigen Zuhause gab es am Wochenende feines Essen, um das arme Heimkind für die vermeintlichen Entbehrungen der Woche zu entschädigen. Die damaligen Vorstellungsbesuche bei den Verwandten krönte eine Sahnetorte, und das Waisenkind bekam noch eine Tüte Schleckersachen mit auf den Weg. So viel des Guten konnte Karla gar nicht verspeisen, es erwies sich aber als brauchbare Tauschware für nützliche Dinge, die andere Kinder besaßen, für sie selbst blieb mehr als genug übrig.

So kam Karla als wohlgenährtes, etwas pummeliges Kind zu Mutter und Schwester, die beide auch von kräftiger Statur waren. Aussehen schien für die Mutter unwesentlich; sie trug ihre Schwesternkleidung bei der Arbeit und zu Hause eine einfache Kleiderschürze. Am Sonntag allerdings sah die Sache anders aus: fein herausgeputzt machten sich die Drei auf den Weg zur Verwandtschaft und vermittelten dort einen guten Eindruck.

Übrigens existierten außer den Verwandten keine anderen Bezugspersonen im Leben dieser Familie. Abgesehen von kollegialen Kontakten zwischen der Mutter und dem anderen Pflegepersonal tauchten keine Freundin, keine Bekannte, geschweige denn ein männliches Wesen in ihrem Leben auf.

Der einzige Mann, den Mutter, Karla und ihre Schwester in

Übereinstimmung liebten, war der Großvater, den sie sonntags regelmäßig trafen.

So verlief Karlas Leben mit Mutter und Schwester bis zur Pubertät zwar relativ harmonisch, aber ohne daß sie es merkte, unter dem konstanten Druck einer übermäßigen Anspannung, denn sie mußte sich als der Adoption für wert und dankbar erweisen, was ihr auch bestens gelang.

Mit Beginn der Pubertät änderte sich das Bild, ganz plötzlich. Karlas Schwester, damals 17 Jahre alt, brachte einen Jungen mit nach Hause.

Beide Mädchen sind von nun an unablässig mit ihrem Äußeren beschäftigt, interessieren sich für Schminke und Kleidung, versuchen auch die Mutter zu überreden, sich hübscher anzuziehen.

Obwohl sie das »ganze Getue blöd« findet, stellt die Mutter Geld zur Verfügung, damit ihre Töchter neue Kleider besorgen und schön ausschauen können. Karla kauft wahllos Klamotten, die sie manchmal nur ein einziges Mal anzieht, dann behagen sie ihr nicht mehr. Natürlich beschäftigt sie sich auch mit ihrer Figur und fällt das anfangs geschilderte, vernichtende Urteil über ihren Körper. Da hilft nur eine erstklassige Verpackung, meint sie, zieht Modezeitschriften zu Rate und entscheidet so, wie sie aussehen möchte.

Zu jener Zeit entdeckt sie den Vorteil des Erbrechens für sich.

Ab jetzt reguliert sie ihr Gewicht auf diese Weise, anfänglich zwei- bis dreimal in der Woche, wenn sie meint, sie hätte sich überfressen, später zwei bis dreimal am Tag.

In diesem Lebensabschnitt zwischen 13 und 16 Jahren erfährt Karla zwei schwere Verluste: Ihr Großvater stirbt an Krebs, was die Mutter in eine tiefe Depression stürzt und Karla unglaublich traurig macht, war er doch der einzige Mann in ihrem Leben.

Zusätzlich glänzt die Schwester mit einem erstklassigen Abitur und geht für ein Jahr ins Ausland, wird voraussichtlich in einer anderen Stadt studieren.

Karla reagiert mit erneuten Freßattacken und reguliert ihr Gewicht mit Übergeben. Der Wegzug der Schwester zusätzlich zur

Trauer um den Tod des Großvaters reißen in Karla wieder alte, existenzbedrohende Erfahrungen auf. Das junge Mädchen findet sich plötzlich in einem dunklen Gefühlschaos, fühlt sich »absolut verlassen, einsam, leer«. Die Mutter arbeitet viel, bewältigt Trauer und Umstellung außerhalb des Hauses. Karla bleibt sich selbst überlassen, brütet vor sich hin, füllt die »Leere« mit Lebensmitteln, die sie wieder bricht. Aus diesem scheinbar endlosen Kreislauf von Trost- und Sinnlosigkeit kann sie sich nicht mehr befreien, meint Karla. Sie versucht, mit der Mutter zu sprechen, wagt es doch nicht, beide sitzen da in Tränen oder im Streit.

Die vermeintliche Lösung sieht Karla plötzlich vor sich, als sie in der Zeitung über den Suizid eines Schülers liest. Sie wird sich umbringen. Jetzt hat ihr Leben wieder einen Sinn, sie hortet Tabletten auf alle mögliche Weise, bereitet sich auf den Tag vor, an dem sie genug haben wird.

Karla selbst kann zunächst keinen Zusammenhang zwischen ihrer Reaktionsweise des maßlosen Fressen und Brechens mit ihren Suizidversuchen oder ihrer Lebensgeschichte entdecken, hält es deshalb für überflüssig, die Bulimarexie in der Therapie auch nur mit einem Wort zu erwähnen. So arbeiten wir etwa ein halbes Jahr miteinander, ehe ich erfahre, unter welch massiven Zwängen Karla leidet.

Und es ist nicht Karla selbst, die ihr Geheimnis schließlich preisgibt, sondern die Mutter »verrät« es im Laufe eines Beratungsgesprächs, ebenso, wie sie mir die Geschichte von Karlas Adoption erzählt, Details, die Karla selbst nicht weiß.

Die Tatsache, daß die Mutter Karla wieder einmal etwas abgenommen, »hinter ihrem Rücken« gehandelt hat, macht Karla sehr zornig. Gleichzeitig jedoch wird deutlich, *wie* ängstlich, unsicher und abhängig sie sich fühlt, denn sie hätte sich »geschämt«, es »unerträglich peinlich« gefunden, über ihre Freß-Brech-Sucht zu sprechen. Auch traut sie sich zum Beispiel nicht, bei mir anzurufen, um einen Termin zu verschieben.

Oder sie würde in den Ferien gerne arbeiten, wagt es aber nicht, selbst beim Arbeitsamt anzufragen. Sie fürchtet ein Einzelgespräch mit ihrer Lehrerin, die sie mit irgendeiner Aufgabe betreuen wollte und weigert sich schließlich, in die Schule zu gehen, weil sie annimmt, alle könnten sehen, was mit ihr los sei.

Was war eigentlich los?

Karla kommt normalgewichtig und gesund zur Welt, wird in kürzester Zeit von ihrer leiblichen Mutter getrennt. Sie beginnt ihr Leben in Unsicherheit, Ungeborgenheit, mit wechselnden Bezugspersonen. Zweifellos genießt sie den Vorteil, von ihren Pflegerinnen gemocht und verwöhnt zu werden, so gut das im Rahmen eines Heims möglich ist – die liebevolle, regelmäßige und zeitaufwendige Zuwendung einer Mutter können ihr die Schwestern nicht geben.

Ich habe vorher die frühkindliche Entwicklung so ausführlich dargestellt, weil jene Zeit prägend ist für die Beziehung zu sich selbst, zum eigenen Körper, zur Umwelt.

Daß die Wurzeln der Eßstörungen in dieser »oralen« Zeit liegen, ist auch die Meinung anderer Autoren, auf die ich mich bisher bezogen habe. Den beschriebenen Austausch, die Vermischung von Essen und Zuwendung erlebt Karla seit ihrer Kindheit. Ihr ist es kaum gelungen, unabhängig von Nahrung, eine positive Selbst-Vorstellung, geschweige denn ein annehmbares eigenes Körperbild in sich aufzubauen. Das liegt aber sicher nicht nur am Verhalten ihrer Bezugspersonen, sondern hat auch ganz wesentlich mit Karlas Ur-Gefühl zu tun, das tief in ihr verankert liegt und etwa so lautet: »Meine Eltern wollten mich nicht haben, ich war nicht gut genug, deshalb mußten sie mich verstoßen.«

So hat sie sich zu einem Super-Mädchen entwickelt, damit sie eine Familie findet, vielleicht mit dem unbewußten Wunsch, ihre leibliche Mutter sollte doch kommen, sie liebhaben und sie zu sich nehmen. Solch schmerzliche Phantasien werden zwischen uns dann lebendig. Zaghaft anfangs, dann mit Zorn und Traurigkeit beklagt Karla den Verlust ihrer »echten« Mutter. Sie spürt eine unendliche Sehnsucht, einen unstillbaren Hunger nach Verständnis, harmonischer Übereinstimmung, Liebe und Bestätigung – aber die »richtige« Mutter soll ihr das geben! Welch eine

Frau mag sie gewesen sein, warum, warum nur hat sie ihr Kind verlassen?!

Karlas »tiefes, schwarzes Loch«, die »Leere« füllt sich nun mit Trauer über den Verlust ihrer Eltern, den Vorstellungen über »ihre« Familie.

Die erbitterten Auseinandersetzungen mit ihrer Adoptivmutter haben zwar nach wie vor Karlas Fressen, Forderungen an Bravsein und Leistung, bzw. Unverständnis der Mutter zum Inhalt, darunter geht es jedoch um Karlas Frage an diese Mutter: Liebst Du mich wirklich so wie ich bin? Und eine ähnliche Frage der Mutter an Karla: »Liebst Du mich, auch wenn ich ›nur‹ Deine Adoptivmutter bin, Dich nicht in meinem Bauch getragen, und trotzdem mich zu *Dir* bekannt habe?« Weiter möchte die Mutter sagen, ohne es je wirklich ansprechen zu können: »Ich habe *Dich* gewählt. Denn anders als die Bauchkinder konnte ich Dich ja sehen und kennenlernen über eine lange Zeit, ehe ich mich für Dich entschied. Ich fühle mich als Deine Mutter.«

Ich meinte anfangs, Karla hätte mit ihren Suizidversuchen eine symbolische Wiedergeburt durchlebt. Jahrelang versuchte sie, gegen ihre Leere anzukommen, diese mit Essen zu stopfen, sich selbst zu nähren. Dies kann aber die »gute« Mutter nicht ersetzen, das Essen wird in ihr plötzlich zum Sinnbild der »bösen«, sie verstoßenden Mutter, die sie fortschickt, auch aus diesem unbewußten psychischen Grund spuckt Karla die süßen schweren Speisen wieder aus.

Karlas Selbstmordversuche als Ausdruck größter Verzweiflung wurzeln wohl auch in ihrem Wunsch, mit der Urmutter sich zu vereinigen, in ihren Bauch zurückzuschlüpfen, endlich Entspannung zu finden. Daß ihre zweite Mutter sie rettet, ist eine Wiederholung der für Karla so entscheidenden Adoption.

Ich habe Karlas Geschichte sehr ausführlich dargestellt, damit wir uns in die Probleme der mit Eßstörungen reagierenden Mädchen besser einfühlen können, auch wenn kaum eines der anorektischen oder bulimischen jungen Mädchen mit einer Adoptivmutter oder vaterlos aufwächst.

Eher im Gegenteil: meiner Erfahrung nach leben Eltern und

Geschwister meist zusammen, gelegentlich ist die Mutter berufstätig, oft auch nicht. Der Vater allerdings arbeitet sehr engagiert, mit hohem Einsatz und hat wenig zeitlichen und emotionalen Raum für seine Familie.

Aber auf die Eltern möchte ich später näher eingehen, bleiben wir noch eine Weile bei Karla. Gibt es bei ihr Züge, die wir schon bei Hanna kennengelernt haben, die wir vielleicht auch in den anderen Berichten der Eßsüchtigen wiederfinden? Lassen sich irgendwelche Parallelen ziehen, die zum Verständnis dieser Krankheit beitragen?

Als erstes fällt auf – wie oft – daß Karla von sich berichtet, sie sei pummelig gewesen. Manch bulimisches Mädchen schildert sich als übergewichtig vor Ausbruch der Krankheit. Häufig passiert es, daß in ihr bisher unbefangenes, angepaßtes Leben plötzlich eine dieser beiläufigen Bemerkungen wie »vielleicht solltest du mal ein paar Pfund abnehmen« einschlägt wie ein Ball in die Fensterscheibe. Das gesamte bisherige Lebensgefühl unter diesem Glas zerspringt, das Mädchen steht vor den Scherben ihres Selbstbewußtseins, ihrer zerbrochenen Kindheit.

Als hätte sie ihren Körper vorher gar nicht wahrgenommen, selbst keine Beziehung zu ihrem Aussehen, kein Gefühl für ihre Kontur gehabt, wirkt ein solcher Kommentar auf das junge Mädchen nun fast wie ein Vergrößerungsglas für ihre zu entdeckenden Nachteile. Wie oft erzählen meine bulimischen Patientinnen von den unerträglichen, auf sie gerichteten Blicken, die sie als abschätzend, beschämend und verfolgend empfinden[12], die auf ihrem vermeintlich »unzulänglichen« Körper brennen.

Von nun an mustert sich das in seinem Selbstgefühl verunsicherte Mädchen ebenso kritisch und verzerrend, wie es ihrer Meinung nach die andern tun. Dabei ist eine Unfähigkeit zu beobachten, das eigene Erscheinungsbild realistisch einzuschätzen: Karla zum Beispiel hält sich für wesentlich fülliger als sie wirklich ist, für plump, ungelenk und häßlich. Weil sie sich selbst so gering bewertet, verknotet sich in ihr eine tiefe Überzeugung der eigenen Unzulänglichkeit, ein Gefühl von innerer Vereinsamung und Sinnlosigkeit.

All diese bedrückenden Empfindungen machen sich am Gewicht fest: wären überflüssige Pfunde weg, wäre die Welt in Ordnung, könnte man sich in ihr zeigen und wohlfühlen. Deshalb richtet Karla nun ihre gesamte Energie darauf, diese Pfunde zu verlieren, wird das Fasten zum Lebensinhalt, Ziel eines jeden Tages. Hier setzt der Teufelskreis ein, unmerklich erst.

Die erste Fastenkur mag zwar zum gewünschten Erfolg führen, aber damit ändert sich die Person der Bulimikerin nicht, ihre Unwertgefühle verschwinden keineswegs. Das Hungern, der Verzicht bieten zwar kurze, euphorisch aufflackernde Bestätigung, können auf Dauer aber nicht durchgehalten werden. Mit einzelnen Freßanfällen werden die strengen Diäten kompensiert.

Manche Bulimikerin berichtet, sie sei früher anorektisch gewesen, das heißt, sie hat versucht, ihren Hunger total zu ignorieren, was zeitweise sicher gelungen ist. Es gibt unterschiedliche Ansichten darüber, ob der »Rückfall« zum normalen und später übermäßigen Essen nun als Stärke oder Schwäche zu interpretieren sei – ohne Zweifel jedoch setzt jetzt eine ebenso selbstzerstörerische Entwicklung ein wie wir sie auch von der Magersucht her kennen.

Die Furcht, dick zu sein oder dick zu werden, beherrscht von nun an das gesamte Denken der bulimischen Jugendlichen, ihre Gedanken kreisen fast ausschließlich ums Essen und lassen sich nicht mehr wegschieben. Oft bekocht das junge Mädchen ihre Familie oder backt Kuchen, ohne selbst auch nur zu naschen, später dann bricht die Abstinenz-Kontrolle beim ersten Bissen plötzlich ganz zusammen, völlig überwältigende Bedürfnisse nach Essen, Süßem werden übermächtig und verlangen sofortige Befriedigung. Bei einer solchen Freßattacke erlebt Karla sich selbst als unersättlich, maßlos und schlecht. Sie schämt sich ihrer Gier, ist verzweifelt, wütend, enttäuscht über ihre Schwäche und findet sich absolut böse und wertlos. Sie faßt den festen Vorsatz, aufzuhören mit dieser verächtlichen Form des Fressens, sofort. Nach dem Erbrechen wird sie schlafen, vergessen, ab dann nur noch »gesund« leben.

Karla weiß viel über Ernährung, sie kennt Vitamine, Spurenelemente und die Kalorientabelle. Sie hat Vorlieben und eine feste Vorstellung von »gesunder« Nahrung. Es geht ihr nicht so wie manch anderer ihrer bulimischen Schwestern, die keine Orientierung kennt, das Maß verloren hat für lebensnotwendiges Essen und Trinken, die nur noch hungert *oder* frißt.

Gelegentlich gelingt es Karla, »vernünftig« zu essen, sie legt meist eine »gesunde« Grundlage unter ihre »Fressalia«, denn sie ist sich der Schädlichkeit ihres Eßverhaltens durchaus bewußt. Aber ihr körperliches Selbstregulationssystem ist längst zerstört, die innere Uhr abgestellt, welche ihr anzeigen würde, wann und wieviel sie essen sollte, sie erlebt weder Hunger- noch Sättigungssignale, und ihre eigene physische Balance existiert nicht mehr.[13]

Allmählich beeinflussen Unsicherheit und Orientierungslosigkeit Karlas gesamten Lebensraum. Die Angst vor dem Chaos überlagert Hobbys und Interessen, die Freude am Lernen, Neugierde auf die Welt ihrer Mitmenschen verschwindet, Mißtrauen den anderen sowie sich selbst gegenüber beherrscht alle Gefühle. Jede Antriebskraft geht verloren. Falls es eine Zielsetzung außerhalb des häuslichen Rahmens gab, wird diese nun in Frage gestellt, denn Mädchen wie Karla (oder Hanna) erleben sich häufig als schwach, hilflos und unfähig, fürchten »noch mehr« Mißerfolge.

Sie sind nicht in der Lage, die eigene Leistung positiv zu werten, sich selbst zu mögen und zu bestätigen, sondern fühlen sich abhängig vom Lob anderer, betrachten sich häufig mit den vermeintlich unbarmherzigen Augen ihres Gegenübers, sind selten mit sich selbst zufrieden. Ihr Wunschbild ist eine Ideal-Frau, »cool«, souverän, schön und schlank, wie sie ihnen und uns in den Illustrierten vorgezogen wird.

Die phantasierte, künstliche Superfrau verlangt Perfektionismus auf allen Gebieten, erstickt allmählich so »primitive« Emotionen wie Freude, Haß, Zuneigung, Trauer, Wut – diese Gefühle könnten überschwappen, außer Kontrolle geraten und häßlich wirken. Spontaneität könnte aber auch die mühsam aufgerichteten Schutzzäune einreißen, Grenzen überschreiten und zu einer Auflösung des Ichs führen. Auch Karla fürchtet zeitweise, »verrückt« zu sein, leidet unter den verfolgenden Blicken anderer. Sie meint, jeder könne sie »durchschauen«, ihre geheimsten Gedanken erraten – und deshalb schämt sie sich ihrer negativen Gefühlsregungen, versucht »Böses« sofort herunterzuschlucken.

Die Angst vor der Auflösung ihres Ichs mag auch Ausdruck der großen Sehnsucht nach einer allumfassenden Beziehung zur verlorenen Mutter sein. Weil sie gleichzeitig wütend-aggressive Impulse *gegen* die verschwundene Mutter in sich trägt, dürfen solch widersprüchliche Empfindungen nicht zu Ende gedacht werden, denn damit würde vielleicht die innere »gute« Mutter zerstört. Diese widersprüchlichen Empfindungen bekommen wirklich bedrohliche Schwere, die regressiv und ambivalent – also übers Essen und Erbrechen – abgewehrt wird.[14] Symbolisch verstanden, nimmt Karla mit dem Essen die »gute« Mutter in sich auf und trennt sich im Erbrechen von der »bösen« Mutter.

Weil sie sich auf diese Weise selbst als »böse« empfindet, ist Wiedergutmachung für Karla sehr wichtig. So schafft sie es nicht, »nein« zu sagen, wenn sie um etwas gebeten wird, sei es um Mithilfe oder um konkrete Dinge, wie das Verleihen von Schminke, Platten, Büchern, selbst wenn sie eigentlich nichts davon hergeben will. Sehr oft hilft sie ihrer Mutter freiwillig im Heim, denn sie möchte Altenpflegerin werden. Und solange Karla nicht selbst »nein« sagen kann, braucht sie ein Symptom, das für sie »nein« heißt.

Die altruistische Lebenseinstellung hat sicher mit Karlas Vergangenheit zu tun, entspricht ihrer inneren Auffassung, Liebe verdienen zu müssen, wie sie es von frühauf gelernt hat. Aber auch diese Haltung teilt sie mit einigen ihrer bulimischen Gefährtinnen. Das liegt vielleicht an der übergeordneten Bedeutung, die das Thema Versorgung in diesen Familien einnimmt. Karlas Mutter ist Krankenschwester, hat also einen pflegenden Beruf, der für sie lebenswichtig geworden ist und in dem sie »aufgeht«. Die arbeitenden Mütter der eßgestörten Mädchen, die ich kenne, sind entweder in sozialen, helfenden Berufen tätig oder waren es

– und sie sind zusätzlich gewissenhafte, ausgezeichnete Hausfrauen.

Wenn es schon der Mutter darum geht, perfekte Anpassung an die Wünsche anderer zu üben und sie dabei die eigenen Bedürfnisse gar nicht mehr merkt; wenn sie fürchtet, jede Andersartigkeit würde die familiäre Harmonie zerstören; wenn sie bereits geringste Auseinandersetzungen vermeidet, wie sollte ihre Tochter dann einen Weg zur Eigenständigkeit finden? Wie sollte sie sich trauen, zu Mutter (oder Vater) Nein zu sagen, sich abzulösen? Muß sie doch Angst haben, die Liebe ihrer wichtigsten Bezugsperson zu verlieren und alleine dazustehen. Ich glaube, das ist die größte weibliche Angst: die vor dem Alleinsein.

Esther und ihre Familie

Ich möchte jetzt ein junges Mädchen vorstellen, dem es ähnlich geht wie Karla, obwohl es unter ganz anderen Bedingungen aufgewachsen ist. Mir liegt daran, auch das familiäre Umfeld miteinzubeziehen, um dann später zu überlegen, was Eltern eß- oder hungersüchtiger junger Mädchen tun können.

Die 17jährige Esther wird von der Mutter zur Therapie angemeldet und kommt mit beiden Eltern zum Erstgespräch. Hier beherrscht ihre Mutter die Szene, beantwortet jede an Tochter oder Vater gerichtete Frage, während Esther mit mürrischer Schweigsamkeit den Eindruck völliger Zurückgezogenheit vermittelt.

Neben der kühlen Eleganz der Mutter erscheint die Tochter wie ein ungepflegtes Riesenbaby, etwas zu groß und zu kräftig geraten, in schlampig-unförmiger Kleidung versteckt. Esthers Aufmachung signalisiert deutlich, daß sie keine junge Frau sein will, und schon gar keine so perfekte wie ihre Mutter.

Der wesentlich ältere, grauhaarige Vater betrachtet »seine beiden Weibsen« gelassen, nicht ohne Stolz, aber wortlos. (Esther hat noch einen elf Jahre älteren Bruder, der schon lange nicht mehr zu Hause wohnt.)

134

Die Mutter betont, Esther und sie seien die besten Freundinnen, es stünden überhaupt keine Geheimnisse zwischen ihnen, sie würden sich gegenseitig bei allen Schwierigkeiten raten und helfen. »Es gibt gar keine ernsthaften Probleme bei uns. Esther ist gut in der Schule, hat eine Gruppe von Freunden, viele Interessen und ist rundum ein fröhliches, unkompliziertes Mädchen. Ihr fehlt höchstens ein Mann, ja, vielleicht ist es das: eine gute, sexuelle Beziehung«, meint die Mutter, »sonst hat sie doch alles!«

Aber trotz ihrer »Affenliebe« findet sie ihre Tochter zu dick und häßlich angezogen, hat ganz andere Vorstellungen als Esther selbst, wie diese aussehen sollte und versucht, verschiedene Diät- und Kleidungs-Vorschläge mit »sanfter Gewalt« durchzusetzen. Sie achte schließlich auch auf ihre Figur und verstehe nicht, warum Esther so unmäßig schlingen müsse. Gerade nachts sei nichts Eßbares vor ihr sicher, sie fresse die ganze Küche kahl, sogar das Vorhängeschloß am Kühlschrank habe sie aufgebrochen. Dann wieder ernähre sich »das Kind« tagelang von »buchstäblich Nichts«, bis zur nächsten Heißhungerattacke. Schlank zu bleiben sei doch eine Willensfrage, mit etwas Vernunft könne man sein Gewicht leicht regulieren. Diese Meinung vertritt auch der Vater, den es zudem ärgert, wenn Esther nicht an den gemeinsamen Mahlzeiten teilnimmt. »Sie kann sich doch beherrschen und die Hälfte essen! Die Unsitte mit den Abführmitteln hat sie von dir«, wendet er sich an seine Frau, die bestätigt, daß sie selbst und Esther regelmäßig »einen harmlosen Abführtee« trinken würden.

Mit Esther ist es gar nicht so leicht, über das Thema Essen ins Gespräch zu kommen. Es ist ihr peinlich, denn sie empfindet ihre Freßlust als große Schwäche, möchte nicht daran denken, noch weniger davon sprechen. Während jeder andere Bereich ohne Scheu, ohne Zögern angesehen werden darf, berührt dieses Problem Esthers Intimsphäre.

Nachdem sie eher gewohnt ist zuzuhören, fällt es ihr überhaupt schwer, von sich zu erzählen, sich selbst wichtig zu nehmen. Ein ungeschriebenes, strikt eingehaltenes Harmoniegesetz innerhalb der Familie scheint jede offene Meinungsverschiedenheit zu verhindern, Auseinandersetzungen werden vermieden, Streit gibt es nicht. Jeder nimmt auf den anderen Rücksicht, ohne je genau zu wissen, was »eigentlich los ist«. Diese Haltung führt bei Esther zu einer eigentümlichen Gefühlsstarre, sie ist sich ihrer eigenen Befindlichkeiten kaum bewußt, während sie die der anderen mit seismographischer Sensibilität wahrnimmt und auffängt.

So ist sie auch in der Schule beliebt als gute Zuhörerin, zuständig für die Nöte anderer, wird häufig zur Mittlerin zwischen Schülern und Lehrern, macht sich zur Sprecherin in fremder Sache. Sie bildet den Mittelpunkt einer Clique, deren witzelnd-ironischer Umgangston keine Ernsthaftigkeit aufkommen läßt. Es könne durchaus sein, daß sie »mal nicht so gut drauf ist«, aber das soll keiner merken: »Das geht niemand was an.« Voll Stolz berichtet Esther, wie sie die anderen mit ihrer guten Laune täusche: »Keiner weiß, was mit *mir* los ist – und keiner weiß, wer ich bin!«

Erst diese spontane Äußerung bildet den Anfang eines Arbeitsbündnisses in der Therapie, denn Esther merkt plötzlich voller Betroffenheit, daß sie selbst auch nicht weiß, wer sie ist.

Ihre Freß-Brech-Sucht setzte ein, als die damals 15jährige Esther während eines Stipendiums in den USA stark zugenommen hatte, Vater und Bruder bei der ersten Begegnung nach ihrer Rückkehr sich über sie lustig machten und mit ihrer »üppigen Figur« aufzogen. Bemerkungen wie »du bist ja jetzt eine Frau geworden«, trafen sie tief, und sie beschloß, sofort abzunehmen. Die Methode war klar, hatte sie doch in Amerika bei Klassenkameradinnen mitbekommen, wie diese sogar gemeinsam »Junk-food« verschlangen, zu viert oder zu fünft auf der Toilette alles wieder erbrachen. Weil sie einerseits auf die fremden Süßigkeiten neugierig war und sich andererseits oft mit solch angenehmen Schleckereien über ihr Heimweh tröstete, Erbrechen aber »eklig« fand, hatte sie zugenommen.

Sie war auch ein ganzes Stück gewachsen, ihr Busen hatte sich ausgebildet, Po und Hüften waren rund geworden. Sie selbst fand sich »zum Wegschmeißen«.

Ich möchte jetzt nicht wiederholen, was ich schon bei Karla

beschrieb: die nun einsetzende phobische Angst vor dem Dick-Sein oder Dick-Werden, der anorektische Bewältigungsversuch mit Freß-Durchbrüchen und den ohnmächtigen, beschämenden Gefühlen.

Auch Esther sitzt in der Freß-Falle, bewegt sich jetzt zwischen totaler Kontrolle und totaler Gier, erlebt das kurze, befriedigende »Sich-Beherrschen-Können« und den Gegenpol der Willensschwäche.

Die erste Zeit nach ihrer Rückkehr aus den USA ist Esther Mittelpunkt ihrer Klasse, ein Schulkamerad verliebt sich in sie. Ihr ist völlig unverständlich, warum dieser Junge sich für sie interessiert, genießt aber seine Aufmerksamkeiten. Der Status einer »Freundin« macht ihr Spaß, und sie gibt sich große Mühe, seinen Vorstellungen zu entsprechen. Sie achtet genau auf das, was er sagt und wiederholt seine Ansichten bei passender Gelegenheit als die ihren. Sie zieht die Kleider an, die ihm gefallen und verhält sich so, wie er es ihrer Meinung nach mag.

Sie findet deshalb diese Beziehung ziemlich anstrengend, aber am schlimmsten wird es, wenn er den Arm um sie legt, mit ihr schmusen will. Dann steigt die Angst in ihr hoch, er könne ihre zu dicken Stellen spüren und sie verachten. So kann sie Zärtlichkeiten gar nicht erwidern, sondern probiert etwas verkrampft, der körperlichen Berührung unauffällig auszuweichen, obwohl sie geradezu danach hungert. Im Laufe dieser Freundschaft lassen Esthers Freß-Brech-Anfälle nach, sie ist sowieso ständig unterwegs. Sobald jedoch die kleinste Unstimmigkeit zwischen beiden auftaucht, reagiert sie mit einer Freßattacke. Natürlich darf er nichts davon merken, und es kostet sie große Mühe, Einladungen zum Essen aus dem Weg zu gehen oder so zu tun, als hätte sie schon gegessen. Alle Treffen mit Freunden, Ausflüge, irgendwelche Aktivitäten enden früher oder später am Eßtisch. Auch Esther selbst lädt ihre Clique ein, bekocht alle mit kalorienarmen und fleischlosen Gerichten, ist dabei mächtig stolz, daß niemand ihre Schwäche durchschaut.

Das geht so lange gut wie die Beziehung andauert. Als der Freund sich von ihr trennt, bricht Esthers Gefüge zusammen, sie wird krank, hat stechende Kopfschmerzen und kann plötzlich nichts mehr sehen. Sie will nicht mehr in dieselbe Schule gehen wir ihr Ex-Freund; die Eltern stimmen einem Wechsel zu. In der neuen Umgebung spürt Esther ihre Unsicherheit mehr denn je. Sie fühlt sich einsam, unbeliebt, kommt sich häßlich und dumm vor, kann keinen Anschluß an die neuen Mitschüler finden. Die alte Gruppe mag sie nicht mehr sehen, war doch jeder dort Zeuge ihrer Niederlage geworden.

Die Freßorgien trösten nicht, im Gegenteil. Immer deutlicher empfindet Esther die Ausweglosigkeit ihrer Situation, fühlt sich elend und schuldig wegen ihres Versagens. Über allem liegt ein tiefes Gefühl von Sinnlosigkeit, Leere, Traurigkeit.

Esther ist zweifellos ein gewünschtes, sehr verwöhntes Kind, das sich darüber beklagt, nie Grenzen gespürt zu haben. Sie »darf« auch heute noch »alles«, ihr wird jeder Wunsch erfüllt. Die Eltern und der wesentlich ältere Bruder betrachten sie als eine Art Kuscheltier, hätscheln sie, aber überlassen sie auch völlig sich selbst, wenn es sich so ergibt. Auf diese Weise ist Esther seit ihrer Kindheit schnell wechselnden Phasen von extremer Zuwendung und ohnmächtigem Alleinsein ausgeliefert, die sie kaum verarbeiten kann.

Die Eltern

Dieses in der Eßstörung ausgedrückte und immer wiederkehrende Thema der Ambivalenz, der Gegensätzlichkeit, prägt die Beziehung zwischen Mutter und Tochter von klein auf.

Esthers Mutter bezeichnet sich selbst als temperamentvolle Frau und meint damit, daß ihre Gefühlsäußerungen rasch wechseln, je nach Stimmung. So geht sie auf der einen Seite als »beste Freundin« mit ihrer Tochter bummeln oder Kaffeetrinken, spricht alle möglichen Probleme an und schmeichelt der Tochter mit einer solchen Aufwertung. Andererseits aber verwandelt sie sich ganz unvermittelt in die strafende Mutter, wenn sie sich über eine schlechte Note Esthers ärgert oder bei einem Stapel ungewaschener Wäsche schimpft, die Tochter nutze sie aus. Auch wenn Esther nicht ihren Vorstellungen entsprechend angezogen ist, sich anders verhält, als es die Mutter erwartet, führt das zu einem Krach. Beispielsweise soll Esther zu Hause unaufgefordert helfen, selbst merken, was es zu tun gibt. Esther wiederum übersieht die wortlosen Zeichen der Mutter, während sie ausgesprochenen Bitten um Mithilfe gerne nachkommt, allerdings selten sofort. Eine Verzögerung in der Ausführung ihrer Aufträge empfindet die Mutter als Provokation oder totale Verweigerung, so daß sie die Dinge prompt »stocksauer« alleine erledigt. Dabei fühlt sie sich von Esther im Stich gelassen und mißbraucht, was sie ihr laut und deutlich zu verstehen gibt.

Esther bekommt Schuldgefühle, die sie erst trotzig abwehrt und mit mürrischem, vorwufsvollem Schweigen der Mutter zurückzugeben versucht. Dann hält sie es schließlich nicht mehr aus, bittet um Verzeihung, gelobt Besserung, »kriecht vor ihr zu Kreuze« und »haßt« sich selbst dabei, wie sie mir später sagt.

Genauso leicht, wie sie aufbraust, vergißt die Mutter ihren Ärger wieder. Sie kauft begeistert neue Kleidung für die Tochter, verwöhnt sie mit kleinen Geschenken und nimmt nicht sonderlich wahr, daß Esther diese Sachen nie anzieht und sich gar nicht freut, wenn sie ihr pflichtbewußt dankt. Esther traut sich nicht, der Mutter klar zu sagen, daß sie einen anderen Geschmack hat und sich mit diesen Geschenken nicht verstanden fühlt. Sie meint, sie würde mit ihrer Ehrlichkeit die Mutter kränken und läßt deshalb lieber mit sich geschehen, was sie nicht verhindern mag.

Genausowenig kann sie sich dagegen abgrenzen, wenn sich die Mutter mit ihr und den Freunden unterhält, als wäre sie eine von ihnen, und bei Abwesenheit des Vaters alle in die Kneipe oder Disco einlädt. Esthers Clique findet das »ganz toll« und ungewöhnlich, während Esther selbst nicht recht weiß, wie sie damit umgehen soll. Sie mag eine junge Mutter, die andere für ihre Schwester halten, aber wenn sie der Mutter beim Tanzen und Flirten zuschaut, kommen recht aggressive Gefühle in ihr hoch.

Sie sieht den Vater vor sich, allein in irgendeinem Hotelzimmer, und findet die Mutter unfair ihm gegenüber. Außerdem will sie keine »beste Freundin« und Komplizin sein, ist sie doch auch eifersüchtig und wütend auf die Mutter, die alles besser kann als sie, sogar gewandter mit den Schulkameraden umgeht als Esther selbst. Wie vertraut ihr dieser Ärger und die Ohnmacht im Vergleich mit der Mutter vorkommen! Dauernd springt die Mutter ein, beseitigt sämtliche Probleme und schafft alle Unannehmlichkeiten aus der Welt.

Oft erfährt Esther erst hinterher, was »gelaufen« ist, und hat dann das Gefühl, einfach ausgeschaltet worden zu sein, nicht zu existieren. Einerseits räumt die Mutter sämtliche Hindernisse weg, ehe Esther diese selbst merken kann, andererseits hat sie gerade keine Zeit, ist nicht da, hört nicht zu, wenn die Tochter sie wirklich braucht. Oder es geht ihr selbst so schlecht, daß sie von Esther getröstet werden will.

Die Mutter hat Schwierigkeiten damit, älter zu werden, fühlt sich häßlich, unbeachtet und meint, sie müsse über Diäten ihre jugendliche Figur erhalten. Sie bittet Esther um Bestätigung, fragt nach Anerkennung und wünscht sich Beschwichtigung ihrer Unzulänglichkeitsgefühle. Ob sie sich über ihren Mann ärgert, ihre Unausgefülltheit als »Nur-Hausfrau« beklagt, Undank und Rücksichtslosigkeit der Familie registriert, Esther ist ihr Ansprechpartner. So übt die Tochter ihre mütterlichen Fähigkeiten bei der Mutter und fragt sich dabei, warum die erwachsene Frau so mächtig und bestimmend sein kann, und sich gleichzeitig so kindlich und schwach zeigt. Als verwirrend empfindet sie, daß dieser unvermittelte Wechsel zwischen der großen Mutter und dem kleinen Mädchen nie vorauszusehen ist.

Die Widersprüchlichkeit im Verhalten der Mutter macht Esther große Schwierigkeiten. Zum Beispiel »weiß« die Mutter immer ganz genau, was die Nachbarn so reden, und regt sich darüber fürchterlich auf, grüßt aber freundlich und verliert kein Wort darüber, wenn sie ihnen begegnet. Sie will keine »ungute« Atmosphäre, sondern braucht Harmonie um sich. Dies gilt auch für ihre Familie. Daher gibt es zwischen den Eheleuten keinen offenen Streit, so wie zwischen Mutter und Tochter. Esther bemerkt, daß die Mutter im Gespräch mit dem Vater seiner Meinung zustimmt, auch wenn sie ohne ihn das Gegenteil vertritt. Die Mutter stellt hohe Ansprüche an ein harmonisches Familienleben und die Qualitäten des alltäglichen Zusammenlebens, sie legt viel Wert auf eine gepflegte, gut funktionierende Umgebung, geregelte Mahlzeiten und eine gewisse Durchschaubarkeit der Beziehungen; alle Drähte laufen über sie. Esther empfindet dieses Kontrollbedürfnis der Mutter zwar als Machtausübung und wehrt sich dagegen, andererseits aber kennt sie die Ängste und Unsicherheiten ihrer Mutter ganz genau und erlebt diese als Schwäche. Beide Seiten möchte sie nicht übernehmen, sie will alles ganz anders machen.

Erst als sie die Beziehung zu ihrem Freund reflektiert, erkennt sie die gleichen Anpassungsversuche an sich selbst, die sie bei der Mutter kritisiert. Sie lehnt die Ansicht der Mutter ab, der Sinn des Lebens bestehe darin, für jemanden anders da zu sein. Sie mag es nicht mehr hören, wenn die Mutter sagt, sie hätte ihren Beruf für die Familie geopfert und ihre eigenen Wünsche ihnen zuliebe zurückgestellt. Das macht ihr ein schlechtes Gewissen und sie denkt, sie müsse ein solches Geschenk der Mutter irgendwie noch besser danken, gleichzeitig rebelliert sie innerlich dagegen, denn die Mutter hat es schließlich so gewollt.

Esther beobachtet ihre Mutter dabei, wie sie die Bedürfnisse des Vaters erahnt, seine Gewohnheiten akzeptiert und pflegt, indem sie ihn perfekt versorgt, auch von Esther in dieser Hinsicht Unterstützung erwartet. So fiel es Esther keineswegs schwer, ihrem Freund diese gelernten mütterlich-weiblichen Fähigkeiten zugute kommen zu lassen; sein Gefühl der Bedrängnis konnte sie damals kaum verstehen, denn ihr Vater genießt die Fürsorge seiner beiden Frauen doch, hat sogar oft noch mehr Wünsche!

Nach dem Scheitern ihrer eigenen Beziehung und ihrer fluchtartigen Rückkehr in den Schoß der Familie fällt Esther erst auf, wie sehr die Eltern aufeinander eingespielt sind, wie abgeschlossen von Außenkontakten sie eigentlich leben und welch wichtige Rolle sie selbst für die Mutter übernommen hatte, als Ausgleich für eine zwischen Angst und Schonverhalten erstarrte Partnerschaft, in der es weder Vater noch Mutter je schlecht gehen darf. Auch wenn die Mutter wünscht, ihre Tochter möge eine »gute sexuelle Beziehung« erleben, paßt es doch ins Bild, daß Esther von ihrem Ausflug in die Welt Gleichaltriger recht angeschlagen ins Nest flüchtet, denn hier wird sie dringend gebraucht.

Sie entschädigt die Mutter für eine inzwischen gefühlsarme Verbindung zum Ehepartner, die sich im Lauf der Jahre zu einer Zweckgemeinschaft entwickelt hat und nicht mehr hinterfragt wird. Ursprünglich voller Liebe und Enthusiasmus, plante Esthers Mutter das gemütliche Zuhause für ihre junge Familie, gab ihre Berufstätigkeit auf und wollte »ganz« für Mann und Kinder zur Verfügung stehen. Und jetzt merkt sie, daß sie »nichts« in Händen hält, wenn auch ihre Tochter sie verläßt.

Während Esthers Vater anfangs die Bemühungen seiner Frau durchaus schätzte und aktiv daran teilnahm, hat er sich nun längst an den reibungslosen Ablauf des Haushalts gewöhnt und findet die perfekte Versorgung selbstverständlich. Schließlich ernährt er die Familie, auch unter Zurückstellung eigener Pläne, trägt die Verantwortung für eine gewisse materielle Sicherheit und ist damit mehr als ausgelastet.

Wenn er heimkommt, will er seine Ruhe haben. Er mag weder eine heulende, schlechtgelaunte Frau sehen noch muffige Kindergesichter. Er legt auch keinen besonderen Wert auf kulturelle oder andere Aktivitäten, weil er nach seiner Arbeit ziemlich müde ist. Und vor allem möchte er nicht noch derjenige sein, der solche Abwechslungen inszeniert. Falls seine Frau meint, sie wolle ausgehen, dann soll sie sich darum kümmern, er macht vielleicht mit. Sie kann auch Leute einladen, und er spielt den Gastgeber, aber eigentlich ist es ihm ziemlich gleichgültig oder fast zu viel. Er hat genug Ansprache im Beruf, reist häufig, führt viele Gespräche mit Geschäftsleuten und würde zu Hause am liebsten nur ausruhen.

Dort will er regenerieren, den Arbeitsstreß vergessen, und wenn es nach ihm ginge, kein Wort mehr darüber verlieren. Er haßt diese Ausfragerei seiner Frau, die ihn mit »Na, wie war's denn heute?« empfängt und ganz begierig Neues hören möchte. Ihn langweilt es, darüber zu sprechen, und er fertigt das Thema kurz ab. Es gibt auch gar nicht viel zu erzählen, ist doch jeder Tag gleich. Mal Ärger, mal keiner, ab und zu Erfolg. Ihn erinnert diese Berichterstattung an früher, als er von der Schule heimkam und seine Mutter genauso erwartungsvoll beim Mittagessen saß und alles wissen wollte, er brav Auskunft gab, weil es sonst unerträglich still gewesen wäre.

Überhaupt findet er manche Parallelen zu früher, wenn er darüber nachdenkt. Seine Frau hat merkwürdigerweise wirklich Ähnlichkeit mit seiner Mutter angenommen, auch wenn sie es glatt abstreiten würde. Er kennt noch diese beiläufig gemurmelten Sätze der Mutter wie »ich werde alt und häßlich«, denen er wohl eigentlich widersprechen sollte; er aber lieber vorgab, sie nicht gehört zu haben. Dieses etwas ungute Gefühl taucht wieder in ihm auf, wenn er daran denkt, wie sie dauernd Lob brauchte für ihr gelungenes Essen, die geputzten, ordentlichen Räume – ja, selbst für die Einmischung in seine privaten Dinge. Räumte sie doch seinen Schreibtisch auf, machte das Bett, klaubte die Spielsachen zusammen, brachte alles durcheinander und beschwerte sich dabei über seine unnütze Sammelleidenschaft. Er sollte sogar noch dankbar sein dafür! Dabei hatte er genug damit zu tun, seinen Zorn hinunterzuschlucken. Nichts war mehr an seinem Platz, seinen kostbarsten Kram hatte sie einfach weggeschmissen und schimpfte auch noch über Unordnung, die in seinen Augen gar keine war. Er hätte sie schon gebeten, ihm beim Aufräumen zu helfen, aber irgendwie kam sie ihm immer zuvor. Er konnte nicht abschätzen, wann die große Säuberungsaktion in der Luft lag – plötzlich war es geschehen. Nach einem langen Schultag, müde, öffnete er die Tür zu seinem Zimmer und erkannte es nicht wieder. Am liebsten wäre er vor Wut geplatzt. Aber das wäre absolut sinnlos gewesen. Also blieb ihm nichts anderes übrig, als gute Miene zum bösen Spiel zu machen.

Daran hat sich eigentlich bis heute nicht viel geändert. Nur ist die Frau neben ihm »seine« und er hat es gelernt, die »Spielsachen« im Büro aufzubewahren oder keine mehr zu haben. Wie geordnet sein Leben ihm jetzt auch erscheint, das dumpfe Gefühl, seine Frau sei unzufrieden, belastet ihn. Vielleicht geht es ihr wie seiner Mutter in jenem Alter? Er spürte damals irgendeine Forderung, die er nicht verstand und die ihn aus dem Haus trieb. Nicht anders als jetzt. Damals wurde er aktiver Sportler, heute ist er ein aktiver Geschäftsmann.

Esthers Mutter nimmt die Entfernung ihres Mannes durchaus wahr und meint, das liege an ihr. Sie selbst kann sich auch nicht mehr attraktiv oder interessant finden, zählt sie doch die Falten in ihrem Gesicht, bemerkt, wie ihr Körper älter wird und welche Mühe sie hat, ihr Gewicht zu halten. Lieber verdoppelt sie ihre Anstrengungen, ein gemütliches und harmonisches Zuhause zu gestalten und ihren Mann zu verwöhnen, wenn er heimkommt. Weil sie sich selbst so unzufrieden fühlt und fürchtet, sie könne »jeden Moment aus der Haut fahren«, vermeidet sie konflikt-trächtige Gespräche mehr denn je, reagiert trotzdem bei jeder Frage gereizt und angespannt. Auf der einen Seite spürt sie eine Angst, ihr Mann könne sie verlassen und sie stünde alleine da, andererseits jedoch wünscht sie fast, er würde es tun. Sie ver-achtet seine kindlich-anspruchsvolle Haltung, seine Sprachlo-sigkeit, die mangelnde Sensibilität. Sie findet ihn oft lächerlich, plump und taktlos. Als würde er seine Männlichkeit an der Haustür abstreifen, kümmert er sich daheim – wie ein Kind – nur noch um sein Wohlergehen und überläßt ihr alle familiäre Verantwortung. Sie wundert sich, daß ihm in der gemeinsamen Beziehung nichts zu fehlen scheint und merkt, wie sie seine Selbstzufriedenheit zu hassen anfängt und innerlich mit ihm hadert. Wenn er dann mit ihr schlafen möchte, um die wach-sende Entfernung mit körperlicher Nähe zu überbrücken, findet sie immer noch nicht die richtigen Worte, ihm ihre Befindlich-keit mitzuteilen. So geht sie äußerlich auf ihn ein, hat dabei aber ein Gefühl, als müsse sie gleich zerspringen, laut schreien oder verrückt werden.

Esther spürt die Entfremdung der Eltern genau und versucht zu vermitteln. Wenn sie zuhause ist, sorgt sie für Unterhaltung, und wenn sie nicht da ist, bildet sie dennoch den Mittelpunkt, denn die elterlichen Gespräche und Auseinandersetzungen beschäftigen sich mit ihr.

Den Vater beunruhigt Esthers Eigenleben, er hätte sie gern noch in seiner Nähe, obwohl er ihre Befangenheit ihm gegenüber wahrnimmt, eine Scheu, die es früher nicht gab. Er wüßte gar nicht, wie er ihr das sagen sollte, er hält sich lieber an Realitäten. So kommentiert er ihr Aussehen, ironisiert ihre Aktivitäten und macht sich über ihre Freunde lustig. Er schätzt ihre Leistungen in der Schule, die er allerdings für selbstverständlich erklärt, und findet auch, daß sie »ganz nett« aussieht. Ihre nachgiebige, versöhnliche Art gefällt ihm eigentlich, aber manchmal denkt er, ihr fehle der »Biß«. Aber das würde er ihr natürlich nie sagen. Sie ist ihm seit ihrer Pubertät ziemlich fremd geworden.

Früher hat es ihn amüsiert, wenn die kleine Tochter hinter ihm und dem großen Bruder herlief, überall dabei sein mochte und eifersüchtig aufpaßte, daß sie nicht zu kurz kam. Sie wollte ein Junge sein und war immer neidisch auf die Privilegien des Älteren. Vielleicht hätte er sich doch mehr um sie kümmern sollen – aber sie hing auch viel an Mutters Rockzipfel – und jetzt ist sie erwachsen.

»Ich will nicht daheim verrotten wie meine Mutter!«

Ich habe Esthers Eltern relativ ausführlich beschrieben, weil ich denke, daß beide, Mutter und Vater, Züge aufweisen, die wir alle gut kennen. Lassen wir jetzt die Töchter noch einmal sprechen, als Eingeweihte, Vertraute der Mutter und Gleichartige. Sehen wir, wogegen sie sich wehren.

Beatrix, die nicht zu Hause »verrotten« will wie ihre Mutter, meint dazu: »Ich könnte nie so leben wie sie, ohne Beruf, ohne Wissen, ohne Ehrgeiz. Meine Mutter interessiert sich bloß für den Haushalt und Klamotten«. Sie kritisiert das »aufopfernde, märtyrerhafte Getue« der Mutter, die fehlende intellektuelle Entwicklung bzw. ihre Unfähigkeit, mit Mann oder Kindern ein

»geistreiches Gespräch« zu führen: »Die Mama stellt sich nie, gibt ihre eigenen Gefühle, Gedanken, Erfahrungen nicht weiter, sondern fragt höchstens: Und, wie war's in der Schule? Was hast du geschrieben? Hast du dein Pausebrot gegessen?« In ihrer Beurteilung der Mutter folgt Beatrix unbewußt einer gesellschaftlichen Normvorstellung, indem sie den Beruf der Hausfrau als solchen abwertet. Eine Mutter ohne »richtigen« Beruf gilt wenig und muß zwangsläufig ungebildet sein. Diese Mütter beurteilen sich selbst meist genauso geringschätzig, woraus sie bei ihren Töchtern als nachfolgender Frauengeneration kein Hehl machen.

Allerdings vermitteln sie eine doppelte Botschaft, nämlich die der Wertlosigkeit ebenso wie die des mehr oder weniger geheimen Aufstands dagegen! Oft geschieht der Aufstand nur innerhalb der Familie, wenn Mütter ihre Männer verachten und den Vater bei den Kindern schlecht machen, während sie paradoxerweise Anpassung an seine Wünsche und Abhängigkeit von ihm vorleben.

Esther: »Man soll sich anpassen, lieber alles schlucken statt kämpfen. Es darf auf keinen Fall Streit geben. Mutter macht draußen auf heile Welt, und wenn es drinnen noch so kracht. Es stimmt hinten und vorn nicht bei uns.«

Die Mutter vermeidet Konflikte, weil sie sich nicht zutraut, ihre Bedürfnisse auch durchsetzen zu können. Sie hat Angst, alles würde nur schlimmer statt besser. So achtet sie peinlich genau auf die Einhaltung der äußeren Regeln, vertritt Ordnung, Pünktlichkeit und Leistungsprinzipien, stellt hohe Forderungen auch an sich selbst. Während ihr Haushalt immer perfekter wird, verstummt sie allmählich und funktioniert nur noch. Über Esthers Therapie endlich findet die Mutter Mut, auch Hilfe in Anspruch zu nehmen, obwohl sie eigentlich sich selbst in der Rolle der Helfenden sieht und meint, sie müsse ihre persönlichen Sorgen zugunsten der Familie zurückstellen. Ein ausschlaggebender Beweggrund für die eigene Therapie ist ihre Überzeugung, damit auch Esthers Entwicklung zu dienen, und das stimmt ja auch. –

Karla: »Wenn ich den Mund aufmache und mal sage, was ich

wirklich denke, kriegt sie Angst. Die Verwandten! Die Nachbarn! Die Lehrer! Ich halte meine Mutter im Grunde für unselbständig und ziemlich abhängig von der Meinung anderer. Sie telefoniert jeden Tag mit ihrer Mutter und kann keine Entscheidung alleine treffen!« Karlas Adoptivmutter ist aus dem Elternhaus in die Ehe gezogen, hat ihren Mann verloren und lebte dann jahrelang wieder bei ihren Eltern. Ihre größte Angst ist die vor dem Alleinsein. Sie bewegt sich zwischen Arbeitsplatz und Familie hin und zurück, kennt keinerlei persönliche Leidenschaften außer gutem Essen und Besuchen bei Verwandten, die sich natürlich auch ums Essen abspielen. Sie vertritt hohe moralische Anschauungen, nach denen sie sich richtet, ist streng gläubig und achtet peinlich genau auf die Einhaltung der religiösen Riten. Karla beklagt die fehlende Flexibilität der Mutter, ihre fast zwanghafte Ordnungsliebe und »Prinzipienreiterei«. Sie findet es schade, daß die Mutter sich nur für ihre Arbeit und den Haushalt interessiert, weder über Politik und kulturelle Ereignisse mit ihr diskutiert und »fast nie ein Buch anrührt«. Auch »nervt« Karla die Bescheidenheit der Mutter, die ihr teure Dinge schenkt und selbst immer im Hintergrund bleibt. Mit Zorn aber verübelt sie ihr das ungebrochene Treuegelöbnis zum verstorbenen Mann, denn »mehr als alles auf der Welt« wünscht sich Karla einen Vater. –

Annette: »Jede kleine Kritik bedeutet sofort Beschuldigung bei ihr. Sie fühlt sich immerzu schuldig. Außerdem ist sie so ängstlich und traut sich selbst überhaupt nichts zu. Vor meinem Vater kuscht sie oder fühlt sich gleich angegriffen.«

Die Mutter fürchtet ihre Eigenständigkeit, die sie als Trennung vom anderen und damit als Verlassenheit erlebt. Würde sie ihre Meinung ihrem Ehemann gegenüber vertreten, stünde diese (sie) ja allein gegen seine Ansicht (ihn). Es kann gut sein, daß sich die Mutter schuldig fühlt, weil sie sich selbst und ihre eigenen Bedürfnisse ständig verleugnet, sich sozusagen selbst betrügt, indem sie ihrem Mann oder anderen nachgibt.

Ihre Tochter registriert dies als Schwäche, aber auch als Machtausübung, denn mit »ihrem ewigen Harmoniestreben« mischt sich die Mutter in Auseinandersetzungen zwischen Vater und Annette ein, die sie gar nichts angehen! Sie will vermitteln, mag ja sein, aber sie verhindert einfach alles: »Wahrscheinlich ist sie auch noch eifersüchtig auf mich!« In der Tat beneidet die Mutter diese junge, anscheinend so selbstbewußte junge Frau, um die sie auch Angst hat. So versucht sie unbewußt, ihrer Tochter die eigene untergeordnete Rolle schmackhaft zu machen, bekämpft damit die Eigenständigkeit, die sie andererseits selbst in ihr gefördert hat. Sie weiß gar nicht genau, was sie eigentlich von ihrer Tochter und dieser neuen Generation erwartet.

Die Mutter fühlt sich in ihrer eigenen, widersprüchlichen Identität so unsicher, daß sie die Andersartigkeit ihrer Tochter kaum annehmen kann. Sie wünscht sich Nähe, Vertrautheit, nicht etwa Gegensätzlichkeit, die sie wie Kritik an ihrer eigenen Lebenshaltung auffaßt. Auseinandersetzungen mit Annette nähren die alten Selbstzweifel und Einsamkeitsgefühle in ihr, münden letztlich in die Überzeugung, versagt zu haben, anscheinend auch in der Erziehung ihres rebellischen Mädchens. Weil sie selbst noch sehr an ihrer Mutter hängt und keinen eigenen Loslösungsprozeß erlebt hat, nimmt sie an, dieser müsse totale Trennung bedeuten, und das will sie nicht. Deshalb beschwichtigt sie Annettes Streitversuche, dämpft deren aufmüpfige Impulse und löst bei ihr ungewollt noch stärkeren Widerstand aus. Schließlich gehen Mutter und Tochter im Krach auseinander, und jede trägt das Gefühl in sich, die andere habe sie mißverstanden und zerstört.

Die doppelte Botschaft

Fassen wir also zusammen, was wir über die innere Dynamik der Mütter erfahren haben, sind diese Mütter doch selbst Töchter und erziehen wiederum ihre Mädchen dazu, auch Mütter zu werden. Das Frauenbild der Mutter vererbt sich auf die Tochter, denn das Selbstgefühl der erwachsenen Frau wird von der jungen bewußt und unbewußt übernommen, ob sie dagegen ankämpft oder nicht.

Aufgrund der Gleichgeschlechtlichkeit verkörpert die Tochter von Geburt an in den Augen der Mutter Aspekte ihrer eigenen Persönlichkeit. Diese werden von ihrer individuellen psychischen Befindlichkeit, ihrem soziokulturellen Rollenverständnis und ihrer Stellung innerhalb der Familie beeinflußt. Weil sie die Tochter als Teil ihres Selbst erlebt, versorgt die Mutter ihr Mädchen auch anders als den Sohn, der eindeutig »anders« ist und dem sie deshalb mehr Eigenständigkeit zubilligt. Auf die Tochter überträgt sie die eigenen Unsicherheiten und Idealvorstellungen, die eigenen Einschränkungen und offenen Wünsche.

So erwartet sie von der Tochter vielleicht, daß diese tüchtiger, hübscher und selbständiger wird, als sie selbst es je war, gleichzeitig aber vermittelt sie ihr: Versuch's ja nicht, denn du schaffst es nie. Eigene entmutigende Erfahrungen mögen die Mutter zu dieser Hemmung und Vermeidung jeder Rivalität veranlassen, ebenso wie die unbewußte Angst, sie würde in einem Konkurrenzkampf mit der jungen Frau unterliegen und diese für immer verlieren. So wenig sie ihre Mutter innerlich verlassen hat (auch wenn sie diese »haßt«, ist sie noch mit ihr verbunden), so wenig möchte sie ihre Tochter hergeben.

Ähnliche, einander entgegengesetzte Botschaften prägen die Beziehung zwischen Mutter und Tochter durchgängig.

– Auf der einen Seite kontrollierend allmächtig, fürchtet die Mutter andererseits Verlust und Einsamkeit, falls sie nicht mehr »gebraucht« wird, und »hängt« deshalb an ihrer Tochter.

– Auf der einen Seite vertritt sie eine altruistische Lebenseinstellung, auf der anderen folgt sie recht egoistischen Motiven, wenn sie zum Beispiel die Tochter zur »besten Freundin« erklärt und diese ihre (früheren oder aus der unbefriedigenden Beziehung zum Mann stammenden) Defizite ausgleichen soll; die Bedürfnisse der Tochter gehen dabei unter.

– Auf der einen Seite richtet sie sich in allen Aktivitäten nach den (vermeintlichen) Wünschen ihrer Familie und fordert auch die

Tochter dazu auf, so zu handeln, andererseits spricht sie verächtlich über diese Wünsche oder macht sich darüber lustig.

– Auf der einen Seite zeichnet die Mutter das Bild eines perfekten, harmonischen Familienlebens, auf der anderen beklagt sie sich über ihr ödes Hausfrauendasein, leidet unter Depressionen, Gefühlen von innerer Leere und Sinnlosigkeit.

– Auf der einen Seite verfolgt die Mutter das Ziel der reibungslosen Anpassung und unterdrückt »böse« Regungen, gleicht aus und ist nach außen hin freundlich, in Gegenwart der Tochter aber macht sie scharfe, abfällige Bemerkungen über ihre Mitmenschen, einschließlich Vater oder andere Familienmitglieder.

– Auf der einen Seite vergleicht sich die Mutter ständig mit anderen Frauen und fühlt sich selbst oft kritisch »gemustert«, Neid- und Eifersuchtsgefühle lehnt sie jedoch als »primitiv« ab und verurteilt solche bei ihrer Tochter.

– Auf der einen Seite achtet die Mutter peinlich genau darauf, daß die äußeren Regeln eingehalten werden und alles seine perfekte Ordnung hat, andererseits kennt sie sich in ihrem eigenen Gefühlschaos überhaupt nicht aus und verweigert häufig, näher hinzuschauen.

Diese Aufstellung hat sicher deutlich gezeigt, wie schwer es für die Tochter ist, einen eigenen Weg, ihre persönliche Orientierung zu finden. Denn diese nebeneinander existierenden zwiespältigen Botschaften werden ja nicht als solche vermittelt, sondern kommen häufig als Entweder beziehungsweise Oder beim jungen Mädchen an. Die andere Seite des doppelten Bodens bleibt versteckt, gilt eventuell sogar als unzulässig und »böse« und muß abgespalten werden. So gelten zum Beispiel Neid- oder Eifersuchtsgefühle als verboten, obwohl sie Ausdruck unerfüllter eigener Wünsche sind. Frauen, die mit der Überzeugung aufwachsen, Versorgen und Geben seien ihre eigentliche Bestimmung und Lebensaufgabe, müssen zwangsläufig auf das Nehmen, auf die Erfüllung ihrer Bedürfnisse verzichten. Du sollst nicht begehren . . .

Dies trifft natürlich auch auf die Sexualität zu. Im häuslichen Rahmen zwar relativ unabgegrenzt miteinander umgehend, vertreten die Eltern ihrer Tochter gegenüber doch eine eher einschränkende, prüde Einstellung. Die Tochter ist wenig informiert über die Vorgänge ihres Körpers, wird vor sexuellen Erfahrungen gewarnt, ängstlich behütet oder überwacht. So ergibt sich auch hier eine Diskrepanz in bezug auf die scheinbare Offenheit und den tatsächlichen Umgang mit der beginnenden Sexualität der Tochter, die unterbunden wird. Die Unterdrückung der wachsenden sexuellen Identität der jungen Mädchenfrau scheint darauf hinzuweisen, daß ihre Eltern selbst keine »erwachsene« sexuelle Beziehung miteinander haben, so daß sich alle miteinander »unschuldig« wie die Kinder nackt zeigen und betrachten dürfen, ohne Scham, ohne Schuldgefühle. Letztere finden sich dann in ganz anderen Bereichen.

5 Gibt es eine Lösung? Überlegungen zur Therapie

Können Eltern helfen?

Natürlich stellt sich die Frage, was Eltern des mit Eßkrankheiten reagierenden jungen Mädchens nun eigentlich tun können, um ihrer Tochter zu helfen und die der Krankheit zugrundeliegenden Konflikte zu entschärfen.

Meiner Meinung nach ist dazu Unterstützung von außen notwendig. Es gibt die verschiedensten Therapieangebote und Selbsthilfegruppen, unter denen man wählen kann. Im Anhang dieses Buches finden Sie Adressen solcher Stellen und Kliniken, die Information, Beratung und Behandlung anbieten.

Innerhalb der Familie lassen sich vielleicht auch Veränderungen herbeiführen, wenn die Beteiligten dazu willens sind.

Ich habe versucht, die Schwierigkeiten in der Mutter-Tochter-Beziehung deutlich zu machen und auf die bedauerliche reale Abwesenheit des Vaters hinzuweisen. Oft übernimmt die Mutter unbewußt neben ihrer mütterlichen Funktion die Rolle des Vaters oder vermittelt zwischen Mann und Tochter, verhindert so den direkten Kontakt zwischen beiden. Ich habe bei allen bulimischen Klientinnen eine enge Bindung entweder an die Mutter *oder* seltener an den Vater beobachtet, in keinem Fall eine ausgewogene Beziehung zu beiden Eltern. Deshalb wäre es wünschenswert, wenn der entferntere Elternteil näherrücken und sich für die Tochter interessieren würde.

Es fällt in diesen Familien auf, daß jeder die wortlosen Aussagen des anderen interpretiert und danach handelt, es sich dabei aber häufig um Projektionen eigener Wünsche oder Ablehnungen handelt, die dem anderen gar nicht entsprechen. Dies gilt für Mutter und Tochter ebenso wie für Vater und Mutter, Tochter

152

und Vater. So müßten diese Interpretationen aufgefädelt und sorgfältig hinterfragt werden, damit jeder sich selbst und den anderen klarer erfahren kann.

Dann habe ich von den Unsicherheitsgefühlen der Mutter gesprochen, ihren Ängsten, die dazu führen, daß sie die Tochter übermäßig versorgt. Ihre Neigung, sämtlichen Familienmitgliedern die Wünsche von den Augen abzulesen und eigene Bedürfnisse hintanzustellen, hat auch beschneidende Wirkung und verhindert die Eigenständigkeit des jungen Mädchens. Weil es Müttern so schwer fällt das Versorgen zu lassen, schließlich ist es doch meist der Strom, aus der sie ihre Selbstsicherheit schöpfen, wäre es wichtig, einen neuen Quell anzuzapfen. Damit meine ich, daß die Mutter anderen Interessen nachgehen, ihr Leben öffnen und mehr alleine, mit gleichaltrigen Frauen oder ihrem Mann erleben könnte und die »beste Freundschaft« zur Tochter damit etwas entlastet wäre.[1]

Wahrscheinlich würden auf diese Weise auch einige Konflikte auftauchen, denn die Mutter müßte ihre verwöhnende Haltung aus Zeitgründen etwas einschränken, so daß die anderen Familienmitglieder zur Mithilfe aufgefordert werden. Hier stelle ich mir – etwas idealisiert – eine konstruktive Auseinandersetzung vor, die dazu beiträgt, Wünsche und Bedürfnisse jedes einzelnen Familienmitglieds kennenzulernen und (eigene) Realisierungsmöglichkeiten zu klären. Ziel könnte sein, daß verschiedene Meinungen als solche anerkannt werden und nebeneinander existieren dürfen, ohne daß irgendeiner »verlorengeht«, sich einsam und verlassen fühlt, der andere Schuldgefühle bekommt und alles in einem harmonisierenden Glattbügeln endet.

Das bezieht sich auf bestimmte Ansichten übers Essen, auf Kleidung oder sonstige Ausdrucksformen einer jugendlichen Persönlichkeit, die gerade auf dem Weg ist, ihre Identität auszuprobieren. Übrigens wäre es leichter für das junge Mädchen, ihr Selbstwertgefühl zu festigen, wenn die Mutter nicht genauso jung und verführerisch aussehen würde wie sie und die gleichen Jeans oder Pullover trüge. Ich halte auch äußerliche Verwischungen der Generationengrenze für problematisch, denn diese greift auf die psychischen Bereiche über. Hier entstehen Konkurrenzen zwischen Mutter und Tochter, die doch nicht ausgetragen werden können, weil beide sich gegenseitig »brauchen«. Andererseits aber wirkt der Rivalitätskonflikt unterschwellig nach und endet dann tatsächlich in einer Eßstörung oder einer ähnlichen Symptomatik.

Dieses Gefühl, die Mutter sei immer vorn, jede eigene Anstrengung sei so aussichtslos wie beim Wettlauf zwischen Hase und Igel, muß ziemlich frustrierend sein und kann völlige Mutlosigkeit oder tiefe Depression auslösen. Also gilt es für die Mutter, die Verschiedenheit zwischen sich selbst, als erwachsener Frau auf einer weiteren Lebensstufe mit anderen Qualitäten, und ihrer jungen Tochter anzuerkennen, diese bestehen zu lassen. Das schließt natürlich den Aspekt des Älterwerdens ebenso ein wie vielleicht die Erkenntnis, ihr Leben hätte anders verlaufen, ihre Beziehungen hätten erfüllter sein können. Wenn die Mutter es schafft, eine Veränderung in ihrem eigenen Leben herbeizuführen, neue Inhalte zu finden, falls die alten sie nicht befriedigen, so ist das indirekt auch für die Tochter ein Ansporn zur Selbst-Entwicklung.

Ich möchte noch einmal wiederholen, daß die Tochter sich an den Frauen ihrer Umgebung orientiert, besonders an der Mutter. Dabei spielt keine Rolle, ob sie sich nun mit Macht gegen deren Vorgaben wehrt oder diese brav befolgt; beides heißt Ausrichtung an der erwachsenen Frau. Die hungrige Tochter allerdings wehrt sich nicht offen, denn sie ist (es) noch nicht satt: Sie hat nicht genug bekommen und kann deshalb nicht riskieren, wenig zu verlieren.

Gerade darum ist es für sie von wesentlicher Bedeutung, die Mutter anzutreffen, wenn sie *ihre* Meinung hinterfragt, *ihre* Ansichten wissen will und *ihre* Haltung im Vergleich zu eigenen Gedanken überprüft. Wie Frauen überhaupt dazu neigen, ihr Selbst-Bild in der Spiegelung zu suchen und aufgrund ihrer Erziehung die Identität in der Bestätigung des andern zu finden, so ergeht es auch dem jungen Mädchen mit seiner Mutter. Aber wenn diese nun nicht gegenüber, sondern eng neben oder ständig

»hinter« der Tochter steht, kann das Mädchen sie nicht wirklich wahrnehmen und wird sie als andere vermissen – wegen ihrer Unklarheit vielleicht sogar fürchten. So stillt es seine emotionale Bedürftigkeit mit süßen Unmengen schwer verdaulicher Nahrung, bricht Frustration und Ärger wieder aus – oder frißt alle Gefühle, im Essen verpackt, in sich hinein und leidet unter Verstopfung.

Weshalb gerade eine Eßstörung?

Eßstörungen entstehen aus dem Zusammenwirken verschiedener Faktoren. Nahrungsverweigerung war zu allen Zeiten ein elementares und effektives Protest-Mittel, wenn die Worte gefehlt haben oder an der Wirksamkeit von Sprache gezweifelt wurde. Kein Mensch kann tatenlos übersehen, wie ein anderer verhungert und den eigenen Körper aus politischen oder persönlichen Gründen als Waffe einsetzt. Schon gar nicht die eigene Familie.

Der Verzicht aufs Essen und die sich verselbständigende Flucht vor der Lust enthält auch die Botschaft: das Vorhandene ist ungenügend, befriedigt nicht, lohnt keinen Einsatz. Hierin liegt meiner Meinung nach eine Möglichkeit der Unterscheidung verschiedener Eßstörungen. Die Magersüchtige empfindet nicht sich selbst als unzulänglich, sondern sie sieht keinen anderen Weg, ihre Ziele zu demonstrieren und durchzusetzen. Den heiligen Anorektikerinnen, Jeanne d'Arc und der unbekannten magersüchtigen Jugendlichen, ihnen allen geht es um »höhere« Ideale.[2]

Ursprünglich mag dieses Streben nach Höherem ja ausgelöst sein vom Gefühl der eigenen Unbedeutendheit, aber dieses ist nicht bewußt, und die Magersüchtige leidet auch nicht unter solchen Selbstzweifeln und Minderwertigkeitsgefühlen wie ihre bulimische Geschlechtsgenossin. Deshalb will sie selbst meist keine therapeutische Hilfe.

Das Erscheinungsbild der Bulimie sehe ich anders. Natürlich hat auch das bulimische junge Mädchen ausgeprägte Ideale, aber die beziehen sich auf ihre Vorstellungen einer perfekten Frau und sind primär nicht lustfeindlich. Die Bulimikerin findet die Welt an sich schon in Ordnung, meint aber, sie selbst sei es, die nur wenig tauge. Während die Magersüchtige eine asketische, von weltlichen Bezügen mehr oder weniger abgehobene Idealvorstellung lebt, versucht die bulimische Jugendliche, sich selbst nach einem äußeren Vorbild zu formen. Dabei hält sie ihre Figur und ihr Aussehen für unzulänglich, nicht etwa die Anforderungen der Umwelt.

Die Überbetonung der Oberfläche wird von einer Gesellschaft unterstützt, die alles für »machbar« erklärt. Ob Charakter, Körper, Kinder – über Pillen, Therapien, Eingriffe, Operationen werden auch Wunder möglich. Wem die eigene Nase nicht gefällt, der läßt sie verändern; wer sich schlecht fühlt, der schluckt Tabletten; wer keine Kinder kriegen kann, der nimmt sich eine Leihmutter und umgeht sein Schicksal.

Es ist interessant, daß vielleicht nicht zuletzt aufgrund dieser körperlichen Manipulierbarkeit ein »Gebärneid« der Männer heute leichter zugelassen werden kann, der im Bewältigungsversuch: »Ich, der Vater, kriege das Kind« (gleichnamiger Titel eines Buches von Franz Lutzius) gipfelt, einem Denkspiel über den »schwangeren Mann«, dem ein Retortenbaby samt Gebärmutter in den Bauch gepflanzt wird.

Wir leben im Bewußtsein, alle Wünsche seien zu erfüllen, und wer dies nicht schafft, ist selber schuld. Dabei sind Körperform und Aussehen noch leicht zu korrigieren, und so merkt die hungernde Inhaberin selbst lange nicht, daß auch ihre Seele fastet und unsagbar leidet.

Frauen beschäftigen sich aufgrund ihrer Konstitution intensiver mit ihrem Körper als Männer, Leib und Seele sind sich näher und reagieren darum wechselweise »psychosomatisch«. Ich glaube, daß diese Verknüpfung eine wesentliche Rolle spielt bei der »Wahl« einer Eßstörung als Zeichen individueller Konflikte. Und zwar von Anfang an.

156

Auf der Basis einer gewissen persönlichen Empfindsamkeit reagiert das Mädchenbaby besonders sensibel auf die Pflegeleistungen der Mutter. Je nach eigener Struktur wird die Mutter ihre kleine Tochter »gut«, aber vielleicht auch »perfekt«, also im Sinne von »Zuviel«, oder mißverständlich, im Sinne von »Zuwenig« versorgt haben. Eventuell erlebt das Baby einen extremen Wechsel zwischen unterschiedlichen Verhaltensweisen und konnte sich deshalb nicht ausreichend orientieren.

Denn die Mutter bringt ja ihre eigene Geschichte in die Beziehung zu ihrem Baby ein, besondes in jene zum Mädchen. In ihm sieht sie unbewußt vielleicht eine Wiederholung ihres früheren Schicksals – oder die mögliche Umkehrung. Sie identifiziert sich mit diesem Kind und vermittelt ihm, ohne es zu merken, die gleiche Haltung, die sie auch sich selbst gegenüber hat. Dies bezieht sich sowohl auf geistig-seelische Substanz als auch auf ihre Einstellung zum eigenen, weiblichen Körper. Deshalb mag das kleine Mädchen im Vergleich zu ihren Brüdern tatsächlich benachteiligt sein, wenn sie eine Abwertung oder Ablehnung des Frauen-Körpers am eigenen Leib zu spüren bekommt.

Und wenn sie das Pech gehabt haben sollte, gleich nach ihrer Geburt von der Mutter getrennt worden zu sein, eventuell die ersten Tage ihres Lebens in einer anderen Klinik oder im Brutkasten verbringen mußte, hat sie einen schlechten, körperlichen Start. Françoise Dolto schreibt hierzu: »Im Brutkasten . . . sind die Säuglinge von jeder Beziehung zur Außenwelt abgeschnitten, und da sie nackt sind, können sie nicht die Grenzen ihres Körpers spüren . . .«.[3] Dolto meint neben der mangelnden Grenzerfahrung über den Hautkontakt mit der Mutter auch die fehlende Bekleidung. Sie betont weiter, daß eine Frühgeburt plötzlich in der Stille liege, die Lautwahrnehmung vermisse, denn Musik, Gespräche, alle möglichen Geräusche ließen sich im Uterus durch die Bauchwand der Mutter hören . . . jetzt sind die Stimmen der Eltern verschwunden.

Unter ähnlich ungünstigen Bedingungen wäre jene Trennung zwischen Leib und Seele nur verstärkt, der wir alle mehr oder weniger ausgesetzt sind. Wir leben einerseits weit entfernt von unserem Körper und seinem erwartungsgemäß reibungslosen Funktionieren, während wir ihn auf der anderen Seite zum Trimm-dich-Fetisch machen. Weil der Körper wenig respektiert wird (oft besteht er in der weiblichen Vorstellung nur aus »häßlichen« Einzelteilen wie »dicken Oberschenkeln«, »Hängebusen« oder »fettem Hintern«), bietet er sich als Abladeplatz für emotional Unverdauliches geradezu an.

Wahrscheinlich gehört bei vielen jungen Mädchen sogar die sogenannte »sexuelle Freiheit« dazu. Mit der Geburtenregelung über die Pille sind Frauen von den allmonatlichen Ängsten einer Schwangerschaft erlöst. Dieser Druck ist weg – aber vielleicht entsteht ein neuer? Plötzlich ist die Frau sexuell jederzeit verfügbar; wenn sie will, kann sie ihre Menses verschieben, damit diese in den eigenen Terminkalender oder den des Mannes paßt.

Das Bewußtsein, die eigenen Körpervorgänge willkürlich steuern zu können, trägt nicht gerade zu einem vertrauteren Kontakt mit dem inneren Geschehen bei. Der monatliche Zyklus über die Pille ist ein künstlicher, zwar sichtbar, aber an keiner Veränderung des Körpers zu spüren. Weder spannen dabei die Brüste, noch schmerzt der Bauch, die gesamte Befindlichkeit der Frau bleibt getrennt von ihrer Natur. Eine vergleichbare Distanz mit der entsprechenden Konsequenz, nämlich einem Gefühl der äußeren Beeinflussung innerer, leiblicher Vorgänge, findet sich ja beim Hungern, Fasten, Erbrechen oder Medikamentenabusus in extremer Weise.

Mit der Pille hat es die Frau tatsächlich selbst in der Hand, ob sie ihre erotischen Begierden befriedigt oder nicht. Vermutlich wird es die Mutter heute nicht versäumen, ihre Tochter über Zeugung und Geburtenregelung aufzuklären, im Gegensatz zu ihrer Mutter eine Generation vorher, die dazu noch nicht den Mut fand. Aber was wird sie ihrem Mädchen erzählen können über das Empfinden in ihrem Körper?

Die kleinen und großen Töchter heute wissen um die Anti-Baby-Pille und beobachten, wie die Mutter paradoxerweise auf oralem Weg die möglichen Konsequenzen ihrer genitalen Sexualität verhindert. Sie schluckt etwas, um Lust zu spüren und nicht schwanger zu werden. (Welche Phantasien ihres Kindes sich wohl an diese merkwürdige Tablette knüpfen mögen: Ist es selbst das Produkt einer vergessenen Pille – oder etwa einer anderen Arznei – oder wie . . . ?)

Ich habe ausführlich über die Entwicklung des schwachen Selbst-Bewußtseins der jugendlichen Frauen geschrieben und ihr leicht zu erschütterndes Rollenverständis; beides wurde von einem Gefühl der inneren Leere geprägt. Daß sich bei einem scheinbar hohlen Gefäß aller Augenmerk auf Form und Aussehen richtet, ergibt sich aus der Verarbeitung früher Erfahrungen des Mädchenkindes: Ich habe noch »nichts« im Vergleich zur Mutter, zum Vater und zu den Brüdern. Die Mutter wird um ihre Brüste beneidet, ihre äußerlich sichtbaren Attribute der Weiblichkeit, und die Brüder um ebensolche konkreten Beweise ihrer Männlichkeit, aus denen sich noch dazu allerhand Privilegien ableiten.

Wenn es dann endlich so weit ist, die körperliche Veränderung einsetzt, wirkt diese erst einmal schockierend auf das junge Mädchen. Je nach seelischer Konstitution aufgrund ihrer genetischen Vorgaben und der persönlichen Reifungsgeschichte wird sie unterschiedlich darauf reagieren.

Sie kann ihre physische Entwicklung total negieren und einer asketischen, ungeschlechtlichen Idealvorstellung nacheifern, indem sie hungert und magersüchtig wird.

Sie kann ihre Ängste vor der eigenen Weiblichkeit auch in einem »dicken Fell« verstecken und freßsüchtig werden.

Oder sie kompensiert vermeintliche Unzulänglichkeiten im Traumbild einer vollkommenen Frau. Um dieses zu verwirklichen, wird sie sich ständigen Diäten unterwerfen, darauf folgenden Heißhungerattacken nicht widerstehen können, schließlich erbrechen oder Unmengen von Abführmitteln schlucken – und die phantasierte Superfrau immer weniger erreichen.

Allen dreien jedoch ist gemeinsam, daß sie hungrig sind, unstillbare Sehnsucht haben nach emotionaler Nahrung. Weil sie sich »leer« fühlen, »nicht genug« bekommen haben, nicht ausreichend gespiegelt wurden, empfinden sie ohnmächtiges Ausgeliefertsein und oft unendliche Wut. Sie sind auf die neuen Anforderungen der Pubertät, des beginnenden Erwachsenenlebens nicht genügend vorbereitet und schützen sich jetzt mit einem Rückzug.

Die oralen Symptome drücken im übertragenen Sinn die Rückkehr zur Mutter aus, auch wenn diese manchmal äußerlich abgelehnt und mächtig bekämpft wird.

Dabei kommt der Vater, oberflächlich gesehen, vielleicht ganz gut weg. Ich höre jedoch sehr oft, er sei unabgegrenzt seiner Tochter gegenüber und respektiere ihre Intimsphäre nicht. Gerade die sich »leer« fühlende Jugendliche hat ja Übergriffen »nichts« entgegenzusetzen und leidet deshalb unter massiven Ängsten vor eindringlichem Verhalten. Das bezieht sich natürlich nicht nur auf den Vater, sondern auf das Männliche überhaupt. (Aus diesem Grund scheinen einige der bulimischen Frauen lieber homosexuellen Beziehungen zu vertrauen, abgesehen davon, daß dort ihre großen emotionalen Bedürfnisse wohl leichter verstanden und befriedigt werden können, weil Frauen diese weniger fürchten).

Bleibt noch zu sagen, daß all diese nun noch einmal kurz angedeuteten Faktoren zusammenspielen mit den gerade gültigen, soziokulturellen Normen, wie ich sie im ersten Kapitel dargestellt habe. Ein zur Anpassung erzogenes junges Mädchen wird selbstverständlich versuchen, sich auch in die gängigen, gesellschaftlichen Idealvorstellungen zu schicken und die in unseren Medien gezeigten Modelle nachzuahmen. Wenn ihre Mutter aufgrund ihrer Erziehung ein ähnliches Schema zur Orientierung braucht, hat ihre Tochter nur wenig Möglichkeiten, ein eigenes inneres Bild als Gegengewicht auf die Waage zu bringen.

Zusätzliche Schwierigkeiten könnten darin bestehen, daß es kaum gelingt, sich den unterschwelligen Einflüssen der auf jedem Illustriertentitel prangenden Busenfrauen, der in Filmen, im Fernsehen gezeigten (oft brutalen) Sexualität zu entziehen. Manche Frau leitet daraus unbewußt den Auftrag ab, sie müsse genauso attraktiv, sexuell freizügig und verführerisch sein –

womit selbst der erotische, sexuelle und ganz private Bereich dem Leistungsprinzip unterworfen wäre.

Hier und Jetzt

Der magersüchtigen Jugendlichen sieht jeder früher oder später an, daß ihre Gesundheit schwer gefährdet ist. Auch die massiven seelischen Schwierigkeiten fallen auf: ihr Desinteresse an Dingen und Menschen der Umgebung, mit Ausnahme der Mutter, an die sie sich kindlich-fordernd klammert. Das hindert sie jedoch nicht, heftige aggressive Kämpfe mit ihr auszufechten, denn so sehr die Tochter eine symbiotische, ausschließliche Nähe der Mutter wünscht, so sehr fürchtet sie diese Abhängigkeit auch. Die Beziehung zum Vater ist bedrohlich geworden, und die Konkurrenz mit den Geschwistern führt zu mächtigen Wutanfällen, weil jetzt Rivalitätskonflikte aufbrechen, Neid- und Haßgefühle, die eine gesunde »brave« Tochter vorher einfach nicht haben durfte.

Das junge Mädchen reagiert mit einem inneren Rückzug auf alle Angebote von außen, stürzt sich mit großem Eifer auf die Leistungsanforderungen der Schule, die anscheinend Struktur bieten und Halt geben, ebenso wie zwanghafte (Sauberkeits-) Rituale und übertriebener Bewegungsdrang. Die geistigen und körperlichen Anstrengungen stehen in keinem Verhältnis mehr zur Abmagerung und sichtbaren Entkräftung der Jugendlichen. Dabei zeichnen Freudlosigkeit und tiefe Traurigkeit ihr Gesicht und die gesamte Haltung – diesem Eindruck kann sich niemand entziehen. Das Erscheinungsbild der Tochter wirkt sehr beunruhigend und läßt Eltern Hilfe suchen, auch wenn die Magersüchtige selbst diese »starr und uneinsichtig« verweigert. Verständlicherweise, denn für sie ist die asketische Idealvorstellung des reinen Geistes, die innere Abspaltung ihres sündigen Leibes und seiner primitiven Bedürfnisse ein Rettungsversuch aus anders nicht zu bewältigenden Schwierigkeiten der weiblichen Identitätsfindung. Welche Probleme sich am Körper und seinen Funktionen im einzelnen festmachen, kann erst in der Therapie aufgedeckt werden. Größtenteils jedoch stehen diese Konflikte in Zusammenhang mit der Geschlechtsreifung und den bisher unbekannten inneren Räumen der Jugendlichen.

Auf die psychodynamischen Hintergründe dieser lebensgefährlichen, seelischen Krankheit bin ich an verschiedenen Stellen eingegangen, darum hier nur noch der wesentliche Konflikt: Das magersüchtige junge Mädchen fürchtet seine Triebhaftigkeit aufgrund einer unbewußten Verschiebung genitaler Impulse auf die orale Ebene. Es erreicht Angstfreiheit über die Verleugnung der »gefährlichen« weil unkontrollierbaren Körpervorgänge wie Hunger, Verdauung, Menarche, aller sinnenhaften Wünsche wie Sehnsucht nach Zärtlichkeit, Erotik oder Sexualität.

Die Pubertätsmagersüchtige versucht, ein »neutraler« Mensch zu werden. Aus diesem Grund gestaltet sich die Therapie mit ihr nicht gerade einfach, denn selbst wenn sie – oft nur auf Betreiben des Arztes oder der Eltern – pünktlich zur Behandlung kommt, so ist sie auch ihrem eigenen Leid gegenüber »neutral«. Ebenso gleichgültig bis abweisend reagiert sie auf therapeutische Hilfsangebote.

Viele Autoren haben die Schwierigkeiten in der Gegenübertragung auf anorektische Patientinnen hervorgehoben. Nicht selten folgt ein wohlmeinender Therapeut(in) der Versuchung, das »arme, ausgehungerte Kind« emotional zu füttern, oder er unterliegt einer gegenteiligen Reaktion und möchte am liebsten ebenso mit Zorn und Ablehnung auf die konstante Verweigerung und Zurückweisung seiner Patientin antworten.[4] Zudem ist es oft ein Balanceakt für Therapeuten, mit der massiven Abwehr sämtlicher körperlichen Themen und sexueller Inhalte umzugehen.

Etwas in sich »aufzunehmen« macht der Jugendlichen aufgrund der Verwechslung oralen und genitalen Eindringens große Angst. Deshalb kann sie auch vom Therapeuten nur wenig annehmen. Nicht zuletzt aus diesen Gründen empfindet vielleicht nicht nur die Magersüchtige Familiengespräche als erleichternd, denn hier wird die Arbeit gleichmäßig auf alle verteilt, ist sie nicht allein das »schwarze Schaf«.

Ich halte es aber auch bei einer Einzeltherapie jugendlicher Magersüchtiger für notwendig, daß die Elterngespräche nicht ohne die Tochter stattfinden. Meiner Ansicht nach hat das junge Mädchen immer wieder erlebt, wie ein anderer (meist die Mutter) für sie entscheidet – und genau »weiß, was gut und richtig ist«. Inzwischen gilt es ja herauszufinden, was die Tochter selbst gut und richtig findet. Nun herrscht in diesen Familien meist eine gewisse Sprachlosigkeit, was Gefühle anbelangt, aber dennoch eine sehr ausgeprägte, feste Vorstellung darüber, was jeder wann empfindet. Deshalb scheint es mir wichtig, diese Dinge auszusprechen und zu überlegen, ob es stimmt, was jeder insgeheim über den andern denkt und wonach er handelt.

In bezug auf die Arbeit mit eßgestörten Jugendlichen finde ich auch Hilde Bruchs Konzept sehr hilfreich. Ihrer Meinung nach ist es erst einmal vorrangig, das tiefliegende Gefühl der Unzulänglichkeit, der Vereinsamung und Unzufriedenheit aufzudecken. Der Hauptfokus der therapeutischen Gespräche sollte sich auf das Hier und Jetzt richten. Sie sollten möglichst frei sein von professionellem Jargon und Deutungen, weil die Patientin vielmehr auf Spiegelung als auf Besserwissen angewiesen ist. Auf diese Weise fühlt sich das junge Mädchen ernstgenommen und bestimmt selbst aktiv Inhalt und Tempo der Therapie. So kommt sie mehr und mehr in die Lage, ihre Gefühle, ihre Impulse selbst zu spüren, ihre eigenen Gedanken und persönliche Meinung zu bilden und zu äußern. Um diese Entwicklung überhaupt zu ermöglichen, müsse die Therapeutin (oder der Therapeut) alles vergessen, was er »weiß«, deshalb nennt Hilde Bruch diese Therapieform »den konstruktiven Gebrauch der Unwissenheit«.[5]

Die Arbeit im »Hier und Jetzt« bedeutet für mich auch eine (behutsame) Auseinandersetzung mit der Beziehung zwischen Therapeut(in) und Klientin. Zwingende, aggressive, rivalisierende und ablehnende Aspekte brechen unvermeidlich im Zuge der »Wiederholung« auch während der Behandlung auf. Und die

Jugendliche war es vermutlich bisher gewohnt, sich auf wortlose Interpretationen und Unterstellungen zu verlassen. Gerade deshalb ist die Aufdeckung und Benennung solcher »negativen« Gefühle sehr wichtig, denn auch diese »bösen« Impulse haben ihre Berechtigung.

Das Thema Essen spielt für mich in der Therapie eine sekundäre Rolle, es sei denn, die Jugendliche möchte darüber sprechen (was gelegentlich auch im Dienst der Abwehr anderer Inhalte geschieht).

Ver-rücktes Eßverhalten ist ja Ausdruck tiefer, emotionaler Schwierigkeiten, und diese bilden jetzt den Mittelpunkt der therapeutischen Arbeit.

Wie in jeder anderen analytischen Behandlung gilt es auch hier, die Grundstruktur der Jugendlichen wahrzunehmen und entsprechend zu reagieren. Eine schwere narzißtische Neurose erfordert anderen Umgang als ein ödipaler Konflikt, und beides kann sich in einer Eßstörung manifestieren.

Grundsätzlich ist für mich die Beziehung zwischen Therapeut/in und Jugendlicher das Medium. Weil das junge Mädchen, aus welchen Gründen immer, zu wenig Rückversicherung bekommen oder in sich aufgenommen hat, vertraut sie weder ihrer eigenen Wirkung auf andere, noch kann sie Kraft oder Ausmaß ihrer aggressiven Impulse, ihrer positiven Gefühle, ihrer Bedürftigkeiten einschätzen, und ebenso wenig, wie diese beim Gegenüber ankommen. Deshalb meine ich, daß diese »guten« und »bösen«, mächtig-zornigen, ohnmächtig-sehnsuchtsvollen oder verzweifelt-traurigen Emotionen im geschützten therapeutischen Beziehungsrahmen viel Platz einnehmen sollten. Diese Erfahrungen mit der Therapeutin oder dem Therapeuten können dann auf die Kontakte »draußen« übertragen werden und fördern damit Selbst-Verständnis und allmähliche Eigenständigkeit.

In den Stunden überlasse ich dem jungen Mädchen die inhaltliche Führung – allerdings mit einer Einschränkung. Ich unterbreche in den meisten Fällen große Schweigelöcher, weil sie meiner Erfahrung nach Orientierungslosigkeit und Angst auslösen, die wie Überflutung wirken. Das muß nicht sein, meine ich.

Was sein *muß*, ist eine ärztliche Abklärung bzw. Unterstützung aller eßgestörten Patientinnen. Die gesundheitlichen Folgeschäden der Anorexia nervosa sind den Eltern meist bekannt, und auch die Töchter wissen darum. Dennoch bleiben sie merkwürdig unberührt von der Gefahr einer bleibenden Schädigung auch ihres Denkens, ihrer Körperfunktionen bis hin zum drohenden Tod. Vielleicht spielt ja im durchgeistigten Schwebezustand der Askese die Sterblichkeit wirklich keine Rolle mehr, oder hat dieses magere Dasein positiven Sinn verloren. – Wenn ich eine Therapie übernehme, möchte ich natürlich, daß die »hungrige« Tochter erneut ihren Lebenswillen spürt und wieder zu ihren eigenen, inneren Kräften kommt; die Verantwortung dafür teile ich mit den Eltern, dem Arzt und der Klientin selbst, soweit das möglich ist.

Obwohl es so aussehen könnte, als ginge es den eßsüchtigen, dicken oder dünnen Schwestern der Magersüchtigen besser, ist das keineswegs der Fall. Zwar wirken sie äußerlich gesünder, wesentlich angepaßter und lassen ihre Verzweiflung niemanden merken, leiden aber unter bedrängenden Scham- und Schuldgefühlen, in schweren Fällen unter ähnlichen Persönlichkeitsstörungen wie die Anorektikerin:

– mangelnder Selbst-Identität und ungenügender Orientierungsfähigkeit;
– Verwischung der Ich-Grenzen (Selbst und Nicht-Selbst bleiben innerlich ungetrennt);
– einem Gefühl, von Sucht-Zwängen gesteuert zu werden;
– der Unfähigkeit, zwischen äußeren Stimuli und inneren Reizen zu unterscheiden und einer Verzerrung des Körperbildes;
– dem Unvermögen, Realität und Phantasie auseinanderzuhalten, mit der Neigung zu Tagträumen und der Erfindung imaginärer Partner;
– der Vermutung eigener Gedanken im andern, die dort aggressiv bekämpft werden;

- sozialen Schwierigkeiten (sich ausgeschlossen fühlen oder sich selbst auszuschließen);
- extrem niedriger Frustrationstoleranz und totalem Rückzug in allmächtige Vorstellungswelten oder Feindseligkeit;
- allübergreifenden Gefühlen von Hilflosigkeit, Ausgeliefert-sein, Ohnmacht, Angst.[6]

Wie elend sich manche der mit Eßstörungen reagierenden Jugendlichen fühlen mag, läßt sich an dieser Stelle wohl nachvollziehen. Der Versuch, über äußere Perfektion innere Unzulänglichkeitsgefühle zu beschwichtigen, wird verständlich – ist Essen doch das nächstliegende Lebens-mittel.

Daß übermäßiges Essen und übermäßiges Fasten die physische Balance gravierend stört und zwangsläufig zur Freßsucht führt, habe ich im Kapitel über Adipositas darzustellen versucht. Weiter ist eine ausgewogene Ernährung mit einem genügenden Anteil an Kohlehydraten absolut notwendig auch für »gute Laune«. Ich zitiere hierzu Horst Meermann: »Die intermittierende, d. h. von Freßattacken unterbrochene Mangelernährung führt, wie die von der Arbeitsgruppe des Max-Planck-Instituts für Psychiatrie an den Patientinnen durchgeführten Untersuchungen zeigen, insbesondere zu einer Störung der Funktion bestimmter Transmittersubstanzen im Gehirn: So entsteht zum Beispiel ein Mangel an Serotonin, wodurch einerseits Heißhunger, andererseits eine depressive Verstimmung ausgelöst werden können. Fazit des Bulimie-Forschers: ›Gestörtes Eßverhalten führt zu biochemischen Veränderungen im Gehirn, die ihrerseits das Erscheinungsbild der Bulimie wesentlich prägen und im Sinne eines Teufelskreises das Krankheitsgeschehen aufrecht erhalten oder verschlimmern können‹.«[7]

In letzter Zeit gab es mehrere Veröffentlichungen zum Thema Depression und körpereigener Reaktionen auch in Tageszeitungen, unter anderem in der Süddeutschen Zeitung vom 20. August 1987: »Chemie des gut-drauf-Seins«.

Die hunger- und eßsüchtigen Töchter sind weit davon entfernt, »gut drauf« zu sein, im Gegenteil. Leider finden sie oft erst den Weg zur Therapie, wenn es fast zu spät ist. Die Gefahr ihrer

Depression darf auf gar keinen Fall unterschätzt werden – die meisten meiner eß-brechsüchtigen jungen Klientinnen haben einen oder mehrere Suizidversuche hinter sich! Das ist eine sehr traurige Bilanz der Lösung persönlicher Probleme mit Hilfe des Diätwahns.

Während Eltern, Freunde und Lehrer immer noch meinen, das junge Mädchen gedeihe prächtig, geht diese an ihrem Perfektionismus, an ihrer aussichtslosen Jagd nach einem idealen Ich fast zugrunde.

Selbst wenn ihr jemand helfen wollte, würde sie nicht daran glauben, daß es gelingen könnte, sie aus diesem entsetzlichen Kreislauf von Triebdurchbruch und schlechtem Gewissen zu befreien. Dazu müßte sie nämlich ihre Idealvorstellung aufgeben und zulassen, daß jemand sie »ganz unten« sieht. So macht sie ihre Probleme weiter mit sich selbst ab, wie sie es gelernt hat, wofür sie bisher bewundert wurde – und wie es ihrer narzißtischen Grundhaltung entspricht.

Sie kümmert sich wenig um gesundheitliche Schäden ihres Verhaltens: »Langfristig führen häufiges Erbrechen und/oder fortgesetzter Mißbrauch von abführenden und harntreibenden Mitteln zu schwerwiegenden körperlichen Schädigungen. Infolge des ständigen Verlustes an Körperflüssigkeit kommt es zu Störungen des Elektrolythaushaltes (Kalium- und Magnesiummangel). Dies beeinträchtigt unmittelbar die Herzmuskulatur (Herzrhythmusstörungen) und kann schließlich zu bleibenden Nierenschäden führen. Weitere mögliche Folgen sind: Muskelschäden, Zahnverfall durch die Übersäuerung der Mundhöhle mit Magensaft, Magenerweiterung, Verletzungen der Speiseröhre, Störungen der Regelblutung, Wassereinlagerung in den Gelenken, chronische Verstopfung, Orangenhaut sowie Schlafstörungen, Kopfschmerzen, Übelkeit und Mattigkeit.«[8]

Vor dem Einnehmen von Appetitzüglern, Antidepressiva, Abführmitteln möchte ich eindringlich warnen – alle zeigen nach geraumer Weile Nebenwirkungen, die in keinem Verhältnis zur nur vorübergehenden Entlastung stehen![9]

Es gibt bisher keine Medizin, die aus Mager- oder Eßsucht

entstehende Depressionen oder die darunterliegenden Konflikte ohne eigenes Dazutun verschwinden läßt. Pillen zögern die Bearbeitung der seelischen Störung hinaus, aber sie lösen keine Probleme. Das kann die betroffene Jugendliche nur selbst tun, mit entsprechender Hilfe natürlich. Und die gibt es.

Zur Behandlung

Aus meiner bisherigen Darstellung der Psychodynamik von Eßstörungen ist sicher deutlich geworden, daß diese Symptome Ausdruck einer vielschichtigen, seelischen Störung sind, die sich im Lauf der Reifungsgeschichte des betroffenen jungen Mädchens entwickelt haben.

Auch wenn die Konflikte, in groben Zügen gesehen, einige Ähnlichkeiten aufweisen, ist es doch sehr wichtig, Klischees, also Einordnungen in bestimmte Raster zu vermeiden und jede vorgestellte Jugendliche in ihrer ganz persönlichen Eigenart, mit ihrem individuellen »Lebensroman« ernstzunehmen. So können sich Therapiekonzepte nur an der einzelnen Klientin orientieren, das heißt, es muß sorgfältig überlegt werden, welche Therapie für *sie* in Frage kommt.

Dabei gilt es zu berücksichtigen, daß Eß- und Hungerkrankheiten Bewältigungsversuche sind für massive psychische Schwierigkeiten und nicht etwa ein gelerntes oder imitiertes Fehlverhalten. Ich meine hiermit

- die grundlegende Unsicherheit in bezug auf das eigene Selbst, also die gesamte Person und eine daraus resultierende Unfähigkeit, Empfindungen, Bedürfnisse deutlich wahrzunehmen oder gar zu artikulieren;
- die Gefühle der Inkompetenz, des Ausgeliefertseins, bis hin zum Eindruck, fremdgesteuert zu werden;
- die Unzufriedenheit mit dem äußeren Erscheinungs- und Körperbild bzw. die Verwechslung von Verpackung und Inhalt;

168

- die Furcht vor dem eigenen inneren Raum, den Körpervorgängen (sexuelle Reifung, Menstruation, Schwangerschaft);
- die übermäßige Anpassung an die Forderungen von außen und gleichzeitige Weigerung dagegen, welche aber unbewußt agiert werden;
- die »doppelte« Bindung zur Mutter, nämlich einerseits jene der idealisierenden Zuneigung und Abhängigkeit, sowie andererseits deren verteufelnde Ablehnung, weil ihre Betreuung als übergriffig, besserwisserisch oder zumindest kontrollierend erlebt wird (»meine Mutter, das Krokodil«);
- die Überzeugung, im Vergleich mit anderen jungen Frauen inkompetent zu sein und deshalb Beziehungen besser auszuweichen, Kontakte mit dem anderen Geschlecht zu vermeiden oder lieber oberflächlich zu halten;
- die mangelnde Wahrnehmung des eigenen Konkurrenzdenkens, der Rivalität und des Neides (auch auf die Geschwister bezogen), der Aggressionen und mächtigen Ängste und deren Verleugnung;
- die eigene narzißtische Überhöhung mit Riesenansprüchen an sich selbst und die anderen, mit der entsprechenden Kränkbarkeit und Scham bei geringsten Mißerfolgen.

Dieses große Verletzlichkeitsregister ist sicherlich nicht vollständig, aber ausreichend, um für ein breitgefächertes Therapiekonzept zu plädieren.

Mein eigener, analytischer, das heißt aufdeckender und verstehender Ansatz läßt sich ja aus diesem Buch herauslesen; dieser schließt jedoch andere Behandlungsformen keinesfalls aus. Ich bin der Überzeugung, daß die genannten Schmerzstellen der ratsuchenden Jugendlichen in eine effektive Therapie miteinbezogen werden müssen. Deshalb ist es für mich auch mit einem puren »Verlernen« des »Fehlverhaltens« bei der Nahrungsaufnahme nicht getan.

Meiner Idealvorstellung entspricht ein mehrdimensionaler Therapieansatz, wie er wohl, bis auf ganz wenige Ausnahmen, nur in Fachkliniken praktiziert wird. Bedauerlicherweise können die vielfältigen Möglichkeiten einer stationären Behandlung nicht ohne große Mühen auch in unsere ambulanten Praxen übertragen werden, obwohl sie gute Erfolge zeigen.

Dabei denke ich an eine gezielte Ernährungsberatung und verhaltenstherapeutische Unterstützung in der Durchführung »normalen« Essens; an kreative Körperarbeit; an Musik- und Kunsttherapie; an Gruppen- und Einzelsitzungen bei analytischen Therapeuten; an die Einbeziehung der Familie oder der Personen, die im Leben der Klientin eine wichtige Rolle spielen.

Um sich an einen solch reich gedeckten, therapeutischen Tisch setzen zu können, muß es unserer Jugendlichen leider erst ziemlich schlecht gehen. Und dann dauert es meist eine Weile, ehe sie einen Platz in der Fachklinik bekommt. Zusätzlich muß mit einem monatelangen stationären Aufenthalt gerechnet werden, wovor manche Eltern und Töchter doch zurückschrecken, weil er sich nicht mit Schule oder anderen Lebensbedingungen der jugendlichen (oder erwachsenen) Klientin vereinbaren läßt.

Deshalb erscheint es vielleicht sinnvoller, sich erst einmal den am Ort gebotenen Therapiemöglichkeiten zuzuwenden. Eine Anlaufstelle für Eltern und Betroffene können (neben einer notwendigen medizinischen Abklärung und Gesprächen mit dem Arzt) die nächste Erziehungsberatung, psychosoziale Beratungsstellen oder Frauentherapiezentren sein. Daneben gibt es in den größeren Städten auch Beratungsstellen für Suchtprobleme, die zumindest andere Adressen vermitteln, wenn sie sich nicht selbst mit Eßproblemen befassen. Nicht zuletzt möchte ich auf die Selbsthilfegruppen verweisen, deren Einsatz und hilfreiche Wirkung sicherlich nicht unterschätzt werden dürfen, auch wenn die gelegentlich begleitende Ideologie nicht jedermanns Sache ist. Ich habe im Anhang dieses Buches einige Adressen diverser Anlaufstellen zusammengestellt.

Nach welchen theoretischen und weltanschaulichen Konzepten die verschiedenen Therapeuten, Zentren und Organisationen arbeiten, muß im einzelnen erfragt werden. Es empfiehlt sich, dies vor Beginn einer Therapie zu klären, um Enttäuschungen und Abbrüche zu vermeiden.[10]

Grundsätzlich muß es in jeder Therapie darum gehen, einen weniger demütigenden und schmerzhaften Weg der Konfliktbewältigung zu finden als bisher, und der Jugendlichen dabei zu helfen, Vertrauen und Zuversicht in ihre eigenen inneren Kräfte zu gewinnen. Schließlich kann das problematische Eßverhalten in seiner Ersatzfunktion erst überflüssig werden, wenn Stabilität und Selbst-Kompetenz aufgebaut wurden, die ohnmächtigen Gefühle nachlassen, sich das »schwarze Loch« der Langeweile oder Leere mit neuen Gedanken und seelischen Inhalten füllt.

Der Gewinn des unmäßigen Essens oder Hungerns liegt darin, daß auf diese Weise eine gewisse Struktur entsteht, an der Selbst-Bestimmung im Nehmen oder Verweigern möglich ist. Auch können das Übergewicht, die Eßstörung dafür verantwortlich gemacht werden, daß manches im Leben des betroffenen jungen Mädchens nicht klappt. So weicht sie den eigentlichen Gründen ihrer Unzufriedenheit aus, entleert sich selbst, denn sie nimmt ihre Gefühle nicht mehr wahr, ebensowenig ihre Wünsche oder Bedürfnisse, noch ihren Zorn und ihre Ängste. Sie »stopft« diese Emotionen wieder in sich hinein, versucht sie wegzuhungern oder auszuspucken. In jedem Fall bekommen die verleugneten Impulse ein von der eigenen Person abgespaltenes Eigenleben. Die zunehmende seelische Anspannung und innere Unruhe der bulimischen Jugendlichen findet auf dem Weg des Fressens und Erbrechens vorübergehende Entlastung.

Dieser Eigendynamik wird nun die Jugendliche in ihrer Arbeit mit dem Therapeuten begegnen. Es gilt, die emotionalen Spannungen aufzuspüren, die Abwehr von Traurigkeit, Wut, Unlust und Angst allmählich zu ergründen und herauszufinden, wovor sich die Jugendliche so massiv schützen muß.

Auch wenn hier von »Arbeit« die Rede ist und das Erinnern, Wiederholen und Durcharbeiten der eigenen Geschichte nicht nur vergnügliche Aspekte beinhaltet, macht die Entdeckung des Selbst doch Freude. Plötzlich entsteht das Bewußtsein, eigene Konturen zu besitzen und diese auszufüllen. Auch die Erfahrung, daß andere auf den Mut zur Meinungsäußerung und einen Ausdruck des eigenen Willens – im Nein – positiv reagieren, trägt zu einem neuen Selbstgefühl bei. Vertrauen in die eigene Person verändert die Lebens-Perspektive, und das ist wie eine neue Geburt. Nur mit dem Unterschied, daß sie bewußt erfahren und selbst initiiert wird. Vielleicht wird dann die eigenartige Verpflichtung, das Lebens-Geschenk der Mutter mit etwas »Gleichartigem« ersetzen zu müssen, endlich hinfällig, und die Tochter kann ihrem Leben einen eigenen Sinn geben.

Einige Adressen für Ratsuchende

Beratungsstellen und Selbsthilfeorganisationen (in alphabetischer Reihenfolge den Städten nach geordnet – ohne Anspruch auf Vollständigkeit):

- Telefonseelsorge bundesweit
  evangelisch: ☎ 1 11 01   katholisch ☎ 1 11 02
- Jugend- und Drogenberatungsstelle der Drogenhilfe Schwaben e. V.
  Karolinenstr. 16, 8900 Augsburg, ☎ 08 21-3 09 55
- Psychosoziale Beratungsstelle (VABS)
  Hainstr. 15, 8600 Bamberg, ☎ 09 51-2 45 30
- Deutsche Arbeitsgemeinschaft Selbsthilfegruppen e. V.
  Nationale Kontakt- und Informationsstelle zur Anregung und Unterstützung von Selbsthilfegruppen
  Albrecht-Achilles-Str. 65, 1000 Berlin 31
- Weitere Anschriften Berliner Beratungsstellen in:
  »Ein Wegweiser für Frauen in Berlin«, herausgegeben vom Senator für Gesundheit, Soziales, Familie
  An der Urania 12, 1000 Berlin 30, ☎ 0 30-21 22 29 37
- Violetta Clean, Therapeutische Wohngemeinschaft für drogenabhängige Frauen in Berlin (Verein zur Hilfe suchtmittelabhängiger Frauen e. V.)
  Bettinastr. 12, 1000 Berlin 33, ☎ 0 30-8 25 71 01
- Adressen in Bremen: »Informationshandbuch für Frauen in Bremen«, herausgegeben von der Bremischen Zentralstelle für Verwirklichung der Gleichberechtigung der Frau
  Präsident-Kennedy-Platz 1, 2800 Bremen 1, ☎ 04 21-3 61 64 43
- Deutsche Intergruppe der Overeater Anonymus
  Würzburgerstr. 36, 2800 Bremen 1
- Psychosoziale Beratungsstelle (VABS)
  Niederstr. 12–16, 4300 Essen 1, ☎ 02 01-32 70 37
- Verein Krisenhilfe e. V., Konflikt- und Suchtberatungsstelle
  I. Weber 23, 4300 Essen 1, ☎ 02 01-23 50 58/9
- Sozialtherapeutische Einrichtung für Mädchen (Verein Jugendberatung und -hilfe e. V.)
  Emil-Claar-Str. 12, 6000 Frankfurt 1, ☎ 06 11-72 60 28
- Frankfurter Zentrum für Eßstörungen
  Lersnerstr. 14, 6000 Frankfurt 1, ☎ 069-55 01 76

- VABS (Verband Ambulanter Beratungsstellen für Suchtkranke – Drogenabhängige e. V.)
  Karlstr. 40, 7800 Freiburg, ☎ 0761-200363/9
- Psychosoziale Beratungsstelle (VABS)
  Karlstr. 2, 7990 Friedrichshafen, ☎ 07541-23075
- Ernährungspsychologische Forschungsstelle
  Zentrum 16 der Georg-August-Universität
  Von Diebold-Str. 5, 3400 Göttingen
- Hamburger Landesstelle gegen die Suchtgefahren e. V.
  Brennerstr. 81, 2000 Hamburg 1, ☎ 040-2803811
- »Rat und Hilfe für Frauen«. Eine Auswahl Hamburger Beratungsangebote von der Leitstelle Gleichberechtigung der Frau
  Poststr. 11, 2000 Hamburg 36, ☎ 040-36812101
- Frauentherapiezentrum Hamburg e. V.
  Warnholtzstr. 2, 2000 Hamburg 50, ☎ 040-383848
- Deutsche Hauptstelle gegen die Suchtgefahren e. V.
  Postfach 1369, 4700 Hamm 1, ☎ 02381-25855 oder 25269
- Jugend- und Drogenberatungsstelle des Arbeitskreises für Jugendhilfe e. V.
  Am Stadtbad 14, 4700 Hamm 1, ☎ 02381-13050
- Jugend- und Drogenberatung
  Hämelinger Str. 10, 4900 Herford, ☎ 05221-15001
- Behandlungszentrum für drogen- und rauschmittelabhängige Jugendliche und Erwachsene in der Bezirksklinik Hochstadt (ambulant)
  Hauptstr. 13, 8621 Hochstadt, ☎ 99574-501/2
- Jugend- und Drogenberatung
  Lindenstr. 10, 6238 Hofheim, ☎ 06192-7062
- BIF (Beratung und Information für Frauen), Frauenbuchladen
  Viktoriastr. 9, 7500 Karlsruhe 1, ☎ 0721-25446
- Beratungszentrum für Jugendliche und Drogengefährdete
  Wilhelmshöher Allee 23, 3500 Kassel, ☎ 0561-103641
- Gesamtverband für Suchtkrankenhilfe im Diakonischen Werk der Evangelischen Kirche in Deutschland
  Brüder-Grimm-Platz 4, 3500 Kassel, ☎ 0561-102638
- Psychosoziale Beratungsstelle
  Kornpfortstr. 4, 5400 Koblenz, ☎ 0261-36416
- Frauen lernen leben, Beratung, Bildung und Therapie für Frauen e. V.
  Hansemannstr. 43, 5000 Köln 30, ☎ 0221-521579
- Frauen »Erna Chaota«
  Kölner Str. 122, 5090 Leverkusen 3, ☎ 02171-49511
- Psychosoziale Beratungs- und Behandlungsstelle
  Mömpelgardstr. 4, 7140 Ludwigsburg, ☎ 07141-24062

174

- Caritasverband Mayen, Psychosozialer Dienst
  Im Bannen 6, 5440 Mayen, ☎ 02651-71501-3
- Frauentherapiezentrum München e. V.
  Auenstr. 31, 8000 München 5, ☎ 089-7252550
- Con-Drobs e. V., Jugend- und Drogenberatungsstelle
  Konradstr. 2, 8000 München 40, ☎ 089-391066
- Cinderella, Aktionskreis Eß- und Magersucht (Selbsthilfe) Universi-
  täts-Nervenklinik München
  Nußbaumstr. 7, 8000 München 2
- ANAD (Selbsthilfe bei Anorexia und Bulimie Nervosa e. V.)
  Ungererstr. 32, 8000 München 40, ☎ 089-333877
- Akademie für Psychoanalyse und Psychotherapie
  Pettenkoferstr. 22 G, 8000 München 2, ☎ 089-5380516
- Weitere Anschriften Münchner Beratungsstellen und von Thera-
  peuten: »Einrichtungen im Stadt- und Landkreis München« (u. a.
  Psychotherapie) über Presse- und Informationsstelle des Bezirks
  Oberbayern
  Maximilianstr. 39, 8000 München 22, ☎ 089-294014
- Frauenberatung Friedensstraße e. V.
  Friedensstr. 33, 4400 Münster, ☎ 0251-375799
- Psychosoziale Beratungsstelle für Suchtkranke
  Münsterstr. 9, 4040 Neuss, ☎ 02101-238131
- Psychosoziale Beratungsstelle
  Bruchstr. 3, 5960 Olpe, ☎ 02761-52-18
- Psychosoziale Beratungsstelle
  Johannisstr. 91, 4500 Osnabrück, ☎ 0541-27983
- Psychosoziale Beratungsstelle
  Obere Donaulände 8, 8390 Passau, ☎ 0851-50051
- Psychosoziale Beratungsstelle
  Schießhausstr. 6, 7530 Pforzheim, ☎ 07231-24024
- Psychosoziale Beratung und Behandlung
  Alpenstr. 10, 7700 Singen
- Psychologische Beratungsstelle für Ehe-, Familien- und Lebensfra-
  gen
  Hospitalstr. 26, 7000 Stuttgart 1, ☎ 0711-6485221
- Stuttgarter Akademie für Tiefenpsychologie und Analytische Psy-
  chotherapie e. V.
  Hohenzollernstr. 26, 7000 Stuttgart 1, ☎ 0711-6485221
- Netzwerk Magersucht
  Nestroyweg 20, 7000 Stuttgart 80
- Deutsche Intergruppe der OA (Overeater Anonymus-Selbsthilfe)
  Im Winkelrain 22, 7400 Tübingen 1, ☎ 07071-294382

– Psychosoziale Beratungsstelle
Michelbergstr. 5, 7900 Ulm, ☎ 07 31-6 08 14
– Frauenberatung und Selbsthilfe e. V.
Hünefeldstr. 83, 5600 Wuppertal 2, ☎ 02 02-8 81 55

Fach- und psychosomatische Kliniken

(in alphabetischer Reihenfolge den Städten nach geordnet – ohne
Anspruch auf Vollständigkeit):
– Fachklinik für suchtkranke Frauen Altenkirchen
Heimstr. 8, 5230 Altenkirchen, ☎ 02 681-26 85
– Rothaarklinik für psychosomatische Medizin
Postfach 1541, 5920 Bad Berleburg, ☎ 02 751-8 31
– Psychosomatische Fachklinik Bad Dürkheim
Kurbrunnenstr. 12, 6702 Bad Dürkheim, ☎ 06 3 22-14 21
– Klinik Bad Herrenalb
Bernbacher Str. 33, 7506 Bad Herrenalb, ☎ 0 70 83-20 71
– Rhein-Klinik für psychosomatische Medizin
Fachklinik für Innere Medizin und Neurologie im Evangelischen
Johanneswerk e. V.
Luisenstr. 3, 5340 Bad Honnef, ☎ 0 22 24-20 81
– Klinik am Korso
Fachzentrum für gestörtes Eßverhalten
Ostkorso 4, 4970 Bad Oeynhausen, ☎ 05 731-2 00 31-34
– Haus Buchenwinkel
Gemeinnütziges Zentrum für Ausbildung- und Therapieentwicklung
der DAYTOP-Gesellschaft für soziale Planung und Alternativen
8191 Dorfen, ☎ 0 81 71-71 77
– Psychosomatische Klinik Kinzigtal
Wolfsweg 12, 7614 Gengenbach, ☎ 0 78 03-20 21-24
– Klinik für Psychosomatische Medizin Grönenbach,
Seb.-Kneipp-Allee 4, 8944 Grönenbach, ☎ 0 83 34-60 20
– Bernhard-Salzmann-Klinik Gütersloh
Fachkrankenhaus für Suchtkranke
Im Füchtei 150, 4830 Gütersloh, ☎ 0 52 41-50 25 52
– Fachklinik für suchtkranke Frauen
Gut Zissendorf, 5202 Hennef
– Pfalzklinik Landeck
Kinder- und Jugendpsychiatrische Klinik
Weinstr. 100, 6749 Landeck
– Clemens-August-Klinik
Postfach 1120, 2846 Neuenkirchen, ☎ 0 54 93-6 41

- Fachklinik Roseneck
  Am Roseneck 6, 8210 Prien
- Klinik Schömberg
  Dr. Schröder-Weg 12, 7542 Schömberg, ☎ 07084-7021
- Fachkrankenhaus für suchtkranke Frauen
  Ahlhorner Str. 32, 2849 Visbek
- Psychiatrisches Landeskrankenhaus Weinsberg
  Abteilung für Psychotherapie und Psychosomatik
  7102 Weinsberg, ☎ 07134-75-1
- Fachkrankenhäuser Ringgendorf und Höchsten
  7983 Wilhelmsdorf
- Psychosomatische Klinik Windach/Ammersee
  Fachklinik für Verhaltenstherapie
  8911 Windach/Ammersee, ☎ 08193-8001
- Hans Weitenau
  Fachklinik für suchtkranke Jugendliche
  Kloster Weitenau, 7853 Steinen, ☎ 07627/662

Österreich
Selbsthilfegruppe bei Magersucht und Bulimie
Vereinszentrum
Aichholzgasse 52/III
1120 Wien

Schweiz
Team Selbsthilfe
Postfach 107
8000 Zürich
☎ 01/558678 oder 01/2523036
(Mo 18–20, Mi 8–16, Fr 10–16 Uhr)

Anhang

Anmerkungen

Kapitel 1 Einführung

[1] Chodorow 1985, S. 10.
[2] Olivier 1987, S. 207.
[3] Erikson 1966, S. 62.
[4] In Kestemberg 1986, S. 115f.
[5] Dolto 1985, S. 64.
[6] Bettelheim 1983, S. 29.
[7] Winnicott 1971, S. 21.
[8] Freud, Studienausgabe Band III (1911), S. 19.
[9] Kernberg 1981, S. 64.
[10] Thomä 1961, S. 141.
[11] Merfert-Diete/Soltau 1984, S. 15.
[12] Freud beschrieb vorrangig die Entwicklung von Buben; den Mädchen unterstellt er zwar den »Penisneid«, ihre ödipale Reifung wird jedoch nicht schlüssig dargestellt, denn »schon für Freud war das Mädchen nicht mehr als ein Nicht-Junge, ein penisloses Wesen, von Natur aus minderwertig und deswegen auch von Natur aus neidisch auf den Penis des Jungen« (Bauriedl 1984/1987).
[13] Chernin 1985, S. 120.
[14] Klein 1975, S. 175, S. 26.
[15] Vgl. dazu Bettelheim 1982, S. 154f.
[16] Pussy = ein in der amerikanischen Umgangssprache gebräuchliches Wort für Vagina.
[17] Thomä 1961, S. 278.
[18] Hammer 1977, S. 17.
[19] Olivier 1987, S. 121.

Kapitel 2 Die Tochter

[1] Chernin 1985, S. 109.
[2] Richter 1969, S. 81 ff.
[3] Kestemberg 1986, S. 143; Hammer 1977, S. 24.
[4] Beauvoir, de 1949, S. 265.
[5] Hammer 1977, S. 35; Boskind-White/White 1985, S. 85; Orbach 1982, S. 25.
[6] Olivier 1987, S. 94.
[7] Ebd., S. 95.
[8] Lawrence 1984, S. 34.
[9] Olivier 1987, S. 79.
[10] Vgl. hierzu u. a. Freud, Studienausgabe Band V, 1905.
[11] Olivier 1987, S. 83.
[12] Ebd., S. 80.
[13] Gambaroff 1984, S. 83.
[14] Mitscherlich-Nielsen 1978, S. 676.
[15] Neumann 1952, S. 22.
[16] Mahler/Pine/Bergman 1975, S. 85.
[17] Vgl. Chodorow 1985, S. 95 und Mitscherlich-Nielsen 1978, S. 682.
[18] Bettelheim 1983, S. 231.
[19] Olivier 1987, S. 100.
[20] Olivier 1987, S. 101; vgl. auch Kohut 1979, S. 34 und zum Thema Frauensprache Trömel-Plötz 1982.
[21] Mahler/Pine/Bergman 1975, S. 97.
[22] Ebd., S. 94.
[23] Ebd., S. 105.
[24] Beauvoir, de 1949, S. 268.
[25] Ebd., S. 268.
[26] Mahler/Pine/Bergman 1975, S. 137.
[27] Freud, Studienausgabe Band V, S. 177 und S. 249.
[28] Olivier 1987, S. 33.
[29] Gambaroff 1984, S. 89.
[30] Freud, Studienausgabe Band V, S. 101.
[31] Hammer 1977, S. 67.
[32] Beauvoir, de 1949, S. 281.
[33] Freud, Studienausgabe Band V, S. 287.
[34] Vgl. Garner/Garfinkel 1985.
[35] Erikson 1966, S. 78.
[36] Wurmser 1986, S. 111–133.
[37] Erikson 1966, S. 81.
[38] Vgl. MacLeod 1983.
[39] Vgl. Olivier 1987.

[40] Beauvoir, de 1949, S. 276.
[41] Chodorow 1985, S. 155.
[42] Erikson 1966, S. 89.
[43] Freud, Studienausgabe Band V, S. 65.
[44] Freud, Studienausgabe Band V, S. 245.
[45] Ebd., S. 283.
[46] Horney 1977, S. 92 und 111.
[47] Vgl. zum Beispiel Benz 1984, S. 327f.
[48] Vgl. Bauriedl 1984/1987.
[49] Vgl. zu diesem Thema »Kiss Daddy Good-Night« – Aussprache über Inzest – von Louise Armstrong, Frankfurt 1985.
[50] Horney 1977, S. 135.
[51] DIE ZEIT vom 29. 5. 1987.
[52] Hammer 1977, S. 64.
[53] Vgl. Benz 1984.
[54] Ebd., S. 324.
[55] Gambaroff 1984, S. 91.
[56] Erikson 1966, S. 98.
[57] Ebd., S. 99.
[58] Ebd., S. 104.
[59] Wilson 1985, S. 24.
[60] de Beauvoir, de 1949, S. 297f.
[61] Ebd., S. 295.
[62] Boskind-White/White 1983, S. 89; Freud, Studienausgabe Band V, S. 181 und 217.
[63] Hammer 1977, S. 117.
[64] Bettelheim 1982, S. 28; Benz 1984, S. 319.
[65] Lawrence 1984, S. 94.
[66] Bettelheim 1982, S. 183.
[67] Mitscherlich-Nielsen 1978, S. 677.
[68] Fichter 1987.
[69] Erikson 1982, S. 106.
[70] Freud, Studienausgabe Band V, S. 143–182

Kapitel 3 Dick, faul und gefräßig?

[1] Grüttner/Eckert 1974, S. 1.
[2] Ebd.
[3] Vgl. Brakhoff 1985, S. 64f; Haskew/Adams 1984, S. 24; Pudel 1982, S. 22.
[4] Bräutigam/Christian 1975, S. 259.
[5] Stunkard 1980, S. 301.

[6] Haskew/Adams 1984, S. 28; Grüttner/Eckert 1974, S. 42.
[7] Pudel 1982, S. 22.
[8] Bräutigam/Christian 1975, S. 265.
[9] Battegay 1982, S. 51.
[10] Pudel 1982, S. 12.
[11] Lawrence 1984, S. 18–39.
[12] Kempff 1979, S. 46.
[13] Edding 1981, S. 43; EMMA Nr. 1, Köln 1981.
[14] Bräutigam/Christian 1975, S. 260.
[15] Edding 1981, S. 41, Hervorhebung von mir; EMMA Nr. 1, Köln 1981.
[16] Vgl. u. a. Pudel 1982, S. 200; Stunkard 1980, S. 95; Haskew/Adams 1984, S. 60 f.
[17] Stunkard 1980, S. 258 f.
[18] Chernin 1982, S. 30.
[19] Stunkard 1980, S. 144–163.
[20] Knorr-Anders 1987, Die Zeit, S. 56.
[21] Vortrag Garner 1987.
[22] Freundin, 3. 3. 1987.
[23] Bild München, 15. 7. 1986; und Petra Nr. 3, 1987, S. 170.
[24] Petra 3, 1987, S. 106.
[25] Ebd.
[26] Stunkard 1980, S. 369 ff.
[27] Brückmann 1982, Freundin, S. 103 (Heft 8, 1982).
[28] Battegay 1982, S. 53.
[29] Vortrag Garner 1987, Göttingen; Vortrag Fichter 1987, Prien;
[30] Pudel 1982, S. 124.
[31] Kempff 1979, S. 80.
[32] Merfert-Diete/Soltau 1986, S. 19.
[33] Grüttner/Eckert 1974, S. 13; Brakhoff 1985, S. 66; Pudel 1982, S. 121.
[34] Orbach 1984, S. 30.
[35] Vgl. Hilde Bruch 1973, S. 44–65.
[36] In meinem Familientherapieansatz beziehe ich mich weitgehend auf das Konzept von Thea Bauriedl.

Kapitel 4 Durch dick und dünn

[1] Garner 1987.
[2] Vgl. Jacqueline Spring 1988.
[3] Boskind-White/White 1983, S. 89.
[4] Bauriedl 1984/1987.

[5] McLeod 1981.
[6] Wurmser 1986, S. 111–133.
[7] Fichter 1987.
[8] Ebd.
[9] Haskew/Adams 1984, S. 16.
[10] Wilson 1985, S. 94 f.
[11] Ebd., S. 344.
[12] Vgl. hierzu Wurmser 1986, S. 111–133.
[13] Garner 1987.
[14] Thomä 1961, S. 89.

Kapitel 5 Gibt es eine Lösung?

[1] Zeitmagazin Nr. 41, 2. Oktober 1987.
[2] Vgl. hierzu Bell 1985.
[3] Dolto 1985, S. 147.
[4] Vgl. Thomä 1965; Bruch 1973; Levenkron 1982; Selvini-Palazzoli 1982 u. a.
[5] Bruch 1973, S. 338.
[6] Vgl. Bruch 1973.
[7] Meermann in der Zeitschrift der Max-Planck-Gesellschaft MPG-Spiegel 2/87.
[8] Mader/Ness (Hrsg.) 1987, S. 2.
[9] Vgl. Stunkard 1980.
[10] Mader/Ness (Hrsg.) 1987.

Literatur

Battegay, Raymond: Die Hungerkrankheiten. Unersättlichkeit als krankhaftes Phänomen. Huber, Bern/Stuttgart/Wien 1982

Bauriedl, Thea: Psychoanalyse ohne Couch. Urban & Schwarzenberg, München 1985

Bauriedl, Thea: Die Triangularität menschlicher Beziehungen. Überarbeitete Fassung eines Vortrags zur 31. Jahrestagung der VKJP am 1. 11. 84 Köln und bei der 6. Konferenz der DPG-Arbeitsgemeinschaft für wissenschaftlichen Austausch am 6. 2. 87 in Frankfurt

de Beauvoir, Simone: Das andere Geschlecht. Sitte und Sexus der Frau. Rowohlt, Reinbek 1968

Bell, Rudolph M.: Holy Anorexia. The University of Chicago Press, Chicago 1985

Benz, Andreas: Zum Gebärneid der Männer. In: Psyche 4/1984

Bettelheim, Bruno: Die symbolischen Wunden. Pubertätsriten und der Neid des Mannes. Fischer, Frankfurt 1982

Bettelheim, Bruno: Die Geburt des Selbst. Fischer Taschenbuch, Frankfurt 1983

Beyersdörfer, Helga: Das zweite Leben. In: Zeitmagazin, Hamburg Nr. 41, 2. Okt. 87

Boskind-White, Marlene/White, William: Bulimarexia. Norton, New York/London 1983

Bräutigam Walter und Christian, Paul: Psychosomatische Medizin. Thieme, Stuttgart 1975

Bray, Georges: Jejunoileal Bypass, Jaw Wiring, and Vagotony for Massive Obesity. In: Stunkard, Albert (Hrsg.): Obesity. W. B. Saunders Company, Philadelphia/London/Toronto 1980

von Bredow, Nicole: Schlank für Immer. In: Petra, Hamburg Nr. 3/ 1987

Brownell, Kelly und Stunkard, Albert: Physical Activity in the Development and Control of Obesity. Behavioral Treatment for Obese Children and Adolescents. In: Stunkard, Albert (Hrsg.): Obesity. W. B. Saunders Company, Philadelphia/London/Toronto 1980

Bruch, Hilde: Eating Disorders. Obesity, Anorexia Nervosa, and the Person Within. Basic Books Inc., New York 1973

Brückmann, Monika: Fettpolster einfach absaugen. In: Freundin, München Nr. 8/1982

Chernin, Kim: The Obsession: Reflections on the Tyranny of Slenderness. Harper & Row, New York 1982

Chernin, Kim: The Hungry Self. Times Books, Random Hous Inc., New York 1985

Chodorow, Nancy: Das Erbe der Mütter. Frauenoffensive. München 1985

Coché, Judith: Diagnose und Behandlung adipöser Patienten. In: Brakhoff, Jutta (Hrsg.): Eßstörungen. Lambertus, Freiburg 1985

Craig, Johnson: Initial Consultation for Patients with Bulimia and Anorexia Nervosa. In: Garner, David und Garfinkel, Paul (Hrsg.): Handbook of Psychotherapy for Patients with Anorexia Nervosa and Bulimia. The Guilford Press, New York/London 1986

Dolto, Françoise: Praxis der Kinderanalyse. Klett-Cotta, Stuttgart 1985

Dwyer Johanna: Sixteen Popular Diets. In: Stunkard, Albert (Hrsg.): Obesity. W. B. Saunders Company, Philadelphia/London/Toronto 1980

Edding, Cornelia: Laßt wohlbeleibte Frauen unter uns sein! In: Emma. Zeitschrift für Frauen von Frauen. Köln, Nr. 1/1981

Erikson, Erik H.: Identität und Lebenszyklus. Suhrkamp, Frankfurt 1966

Erlenberger, Maria: Der Hunger nach Wahnsinn. Rowohlt, Reinbek 1977

Fichter, Manfred: Magersucht und Bulimie. Springer, Berlin/Heidelberg 1985

Fichter, Manfred: 1. Symposium der Psychosomatischen Klinik Roseneck und der Psychiatrischen Klinik der Universität München: »Therapie bulimischer Eßstörungen« 15. 4. 87, Vortrag

Freud, Anna: Das Ich und die Abwehrmechanismen. Kindler, München 1975

Sigmund Freud: Studienausgabe. 12 Bände. Fischer, Frankfurt 1982

Studienausgabe Band I: Vorlesungen zur Einführung in die Psychoanalyse:

– Zur Einführung des Narzißmus (1911)

Studienausgabe Band III: Psychologie des Unbewußten:

– Formulierungen über die zwei Prinzipien Psychischen Geschehens (1911)

– Jenseits des Lustprinzips (1920)

Studienausgabe Band V: Sexualleben:

– Die infantile Sexualität (1905)

– Die sexuelle Latenzperiode der Kindheit und ihre Durchbrechungen (1905)

– Die Umgestaltung der Pubertät (1905)

– Zur sexuellen Aufklärung der Kinder (1907)

– Über infantile Sexualtheorien (1908)

- Das Tabu der Virginität (1910)
- Beiträge zur Psychologie des Liebeslebens. Über einen besonderen Typus der Objektwahl beim Manne (1910)
- Über die allgemeinste Erniedrigung des Liebeslebens (1912)
- Der Untergang des Ödipus-Komplexes (1924)
- Einige psychische Folgen des anatomischen Geschlechtsunterschiedes (1925)
- Über die weibliche Sexualität (1931)

Gambaroff, Marina: Utopie der Treue. Rowohlt, Reinbek 1984

Garner, David und Garfinkel, Paul (Hrsg.): Handbook of Psychotherapy for Anorexia Nervosa and Bulimia. The Guilford Press, New York/London 1986

Garner, David: Vortrag auf dem Göttinger Kongreß »Gestörtes Eßverhalten«, Klinikum der Universität, 5.–7. März 1987

Hänsel, Dietmar: Eßstörungen. Die Bedeutung des Problems. Übersicht zu den Erscheinungsbildern. In: Brakhoff, Jutta (Hrsg.): Eßstörungen. Lambertus, Freiburg 1985

Hammer, Signe: Töchter und Mütter. Fischer, Frankfurt 1977

Haskew, Paul und Adams, Cynthia (Hrsg.): When food is a four letter word. Prentice Hall Inc., Engelwood Cliffs, N. J. 1984

Horney, Karen: Die Psychologie der Frau. Kindler, München 1977

Kempff, Diana: Fettfleck. Rowohlt, Reinbek 1985

Kestemberg, Evelyne
u. a.: Schauplatz Familie. Klett-Cotta, Stuttgart 1986

Kernberg, Otto F.: Objektbeziehungen und Praxis der Psychoanalyse. Klett-Cotta, Stuttgart 1981

Klein, Melanie: Das Seelenleben des Kleinkindes. Klett-Cotta, Stuttgart 1962

Kohut, Heinz: Die Heilung des Selbst. Suhrkamp, Frankfurt 1979

Langsdorff, Maja: Die heimliche Sucht, unheimlich zu essen. Fischer, Frankfurt 1985

Larisch-Haider, H. Nina: Anti-Diät-Pyramide. Context Verlag, Bielefeld 1987

Lawrence, Marilyn: The Anorexic Experience. The Women's Press Ltd, London 1984

Lerner, Harriet E.: Elterliche Fehlbenennung der weiblichen Genitalien als Faktor bei der Erzeugung von »Penisneid und Lernhemmungen«. In: Psyche 12/1980

Levenkron, Steven: Treating and Overcoming Anorexia Nervosa. Charles Scribner's Sons, New York 1982

Lexikon der Symbole. Herder, Freiburg 1978

Lutzius, Franz: Ich, der Vater, kriege das Kind. Populär, Essen 1986

Maaser, R.: Diagnostik und Häufigkeit der kindlichen Adipositas. In:

Grüttner, Rolf/Eckert, Ingeborg (Hrsg.): Adipositas im Kindesalter. Thieme, Stuttgart 1974

Mader, Petra und Ness, Beate (Hrsg.): Bewältigung gestörten Eßverhaltens. Neuland, Hamburg 1987

Mahler, Margaret/Pine, Fred/Bergman, Anni: Die psychische Geburt des Menschen. Symbiose und Individuation. Fischer, Frankfurt 1975

Maisner, Paulette: Freßfalle, Selbsthilfe bei Eßproblemen. Beltz, Weinheim 1986

Margolis, Karen: Die Knochen zeigen: über die Sucht zu hungern. Rotbuch-Verlag, Berlin 1985

McLeod, Sheila: Hungern, meine einzige Waffe. Kösel, München 1983

Merfert-Diete, Christa und Soltau, Roswitha (Hrsg.): Frauen und Sucht. Rowohlt, Reinbek 1984

Mintz, Ira L.: Psychoanalytic Description: The Clinical Picture of Anorexia Nervosa and Bulimia. In: Wilson, Philip (Hrsg.): Fear of Being Fat. Jason Aronson, New York/London 1985

Mintz, Ira L.: The Relationship between Self-Starvation and Amenorrhea. In: Wilson Philip (Hrsg.): Fear of Being Fat. Jason Aronson, New York/London 1985

Mitscherlich-Nielsen, Margarete: Zur Psychoanalyse der Weiblichkeit. In: Psyche 8/1978

Müller, Elisabeth: »Elternarbeit«. Vortrag anläßlich der Jahrestagung des Arbeitskreises DGPPT/VKJP für analytische Psychotherapie bei Kindern und Jugendlichen am 1. 6. 1984 in Königstein/Ts.

Neumann, Erich: Zur Psychologie des Weiblichen. Kindler, München 1975

Olivier, Christiane: Jokastes Kinder. Classen, Düsseldorf 1987

Orbach, Susie: Anti-Diätbuch: Über die Psychologie der Dickleibigkeit, die Ursachen von Eßsucht. Frauenoffensive, München 1978

Orbach, Susie: Anti-Diätbuch II. Frauenoffensive, München 1985

Pfälzer, Robert: Uni-Arzt: Ballon im Magen macht schlank. In: Bild-Zeitung, München, am 15. 7. 1986

Pudel, Volker: Zur Psychogenese und Therapie der Adipositas. Springer, Berlin/Heidelberg 1982

Richter, Horst E.: Eltern, Kind und Neurose. Rowohlt, Reinbek 1969

Sjöström, Lars: Fat Cells and Body Weight. In: Stunkard, Albert (Hrsg.): Obesity. W. B. Saunders Company, Philadelphia/London/Toronto 1980

Selvini Palazzoli, Mara: Magersucht. Von der Behandlung einzelner zur Familientherapie. Klett-Cotta, Stuttgart [3]1986

Soltau, Roswitha: Die frauenspezifische Abhängigkeit von Suchtmitteln. In: Merfert-Diete, Christa/Soltau Roswitha (Hrsg.): Frauen und Sucht. Rowohlt, Reinbek 1986

Spring, Jacqueline: Zu der Angst kommt die Scham. Die Geschichte einer sexuell mißbrauchten Tochter. Kösel, München 1988

Stahnke, N.: Endokrine Ursachen der Adipositas. In: Grüttner, Rolf/ Eckert, Ingeborg (Hrsg.): Adipositas im Kindesalter. Thieme, Stuttgart 1974

Thomä, Helmut: Anorexia nervosa. Huber/Klett-Cotta, Stuttgart 1961

Trömel-Plötz, Senta: Frauensprache – Sprache der Veränderung. Fischer, Frankfurt ⁵1985

Van Italie, Theodore: Dietary Approaches to the Treatment of Obesity. In: Stunkard, Albert (Hrsg.): Obesity. W. B. Saunders Company, Philadelphia/London/Toronto 1980

Wilson, C. Philip (Hrsg.): Fear of Being Fat. The Treatment of Anorexia Nervosa and Bulimia. Jason Aronson, New York/London 1985

Winnicott, Donald W.: Vom Spiel zur Kreativität. Klett-Cotta, Stuttgart 1971

Winnicott, Donald W.: Die therapeutische Arbeit mit Kindern. Kindler, München 1973

Woodman, Marion: Heilung und Erfüllung durch die Große Mutter. Ansata-Verlag, Interlaken 1987

Wurmser, Léon: Die schwere Last von tausend unbarmherzigen Augen. In: Forum der Psychoanalyse 2/1986

Zeitschrift der Max-Planck-Gesellschaft: MPG Spiegel 2/1987

Zur Nieden, Sabine: Kampf der Lüge vom Idealgewicht. In: Emma. Zeitschrift für Frauen von Frauen. Köln, Nr. 4/1983

Sheila MacLeod

Hungern, meine einzige Waffe

Der verzweifelte Kampf eines jungen Mädchens um seine
Identität. Ein autobiographischer Bericht über die Magersucht. 247 Seiten. Kartoniert.

». . . Immer häufiger tritt diese Krankheit auf – hervorgerufen
von Familie, Schule oder anderen Gesellschaftsbereichen.
›Hungern, meine einzige Waffe‹ ist ein erschütterndes Buch,
das aufrüttelt und vielleicht helfen kann, die Ursachen der
Magersucht zu verstehen und zu mildern.«
Buxtehuder Tageblatt

». . . Sheila MacLeod führt uns die familiären und gesellschaftlichen Konflikte, die das zwanghafte Hungern produ-
zieren, auf intelligente und witzige Art vor Augen. Anhand
von eigenen Erfahrungen und Tagebuchnotizen aus der Pubertät skizziert sie in vier Kapiteln den Ablauf ihrer Krankheit, die vom ›Ausbruch‹ über die ›Euphorie‹ und die ›Depression‹ zur ›Genesung‹ führt. Die Autorin überzeugt den
interessierten Laien vor allem durch die kritische Reflexion
der eigenen Erfahrung vermittelst Fachliteratur und vice
versa . . .« *Der Alltag*

». . . Ein authentischer, faszinierender Bericht über eine der
rätselhaftesten Krankheiten der modernen Zeit – . . . Ihr
feministisches Engagement ist nie penetrant oder gar weiner-
lich-radikal. Man empfindet es als logische Konsequenz eines
intelligent reflektierten Lebens. . . .« *Bücherpick*

Kösel-Verlag · München

Irène Kummer

Beratung und Therapie bei Jugendlichen

261 Seiten. Kartoniert

In diesem Buch wird Beratung und Therapie bei Jugend-
lichen als Unterstützung im Wandlungsprozeß von der
Kindheit zum Erwachsenenalter verstanden. Neurotische
Störungen sollen präventiv erkannt und geheilt werden,
bevor sie beim Erwachsenen offen zu Tage treten.
Irène Kummer vertritt dabei den ganzheitlichen Ansatz der
Humanistischen Psychologie und arbeitet vor allem auf der
Basis der Individualpsychologie Alfred Adlers.
Das Buch umfaßt u. a. Lebensstilerarbeitung, Rollenspiel,
Imagination, Körperübungen und Therapie durch kreative
Prozesse wie Malen, Tanzen oder Schreiben.
Anhand zahlreicher Beispiele und Falldarstellungen aus
langjähriger eigener Praxis zeigt Irène Kummer, welche
Möglichkeiten der Beratung und Therapie innerhalb sowie
außerhalb bestimmter Institutionen bestehen und welche
Form für die unterschiedlichen Probleme der jungen Leute
angebracht ist.

Kösel-Verlag · München